누구나 할 수 있지만, 아무나 할 수 없는 영상번역

영상번역입문

박명수 지음

신아사

여는글

"방송 안 나가면 번역료도 없는 거 아시죠?" 2002년 우리나라 월드컵이 개최되기 전에 우리나라의 한 방송사 PD가 웃으면서 한 말이다. 나의 첫 영상 번역이 시작되던 2001년 어느 여름이었다. 얘기인즉슨 월드컵 개최지로 우리나라가 선정될 것에 대비해 우리나라보다 먼저 월드컵을 개최했던 외국 도시를 돌면서 월드컵 행사 관련한 경험담을 영상으로 취재한 내용들에 대한 주로 인터뷰 자료를 번역하는 일이었다. 인터뷰 스크립트도 없는 번역이어서 정말 시간도 많이 걸리고, 힘든 작업이었다. 방송준비를 위해 모든 번역을 다 하고 나서, 개최지로 선정이 되어야 방송이 나가기 때문에 방송이 나가지 않으면 번역료도 없다는 농담 반 진담 반의 얘기였다. 필자의 첫 영상 번역료가 우리나라 월드컵 개최지 선정 여부에 달려있다는 운명적인 일이었다.

통역과 번역 일을 주로 생업으로 했던 시절이라, 어떤 분야의 일이던 상관없이 받아서 하는 프리랜서 생활은 그리 녹녹치 않았다. 특히 번역 그리고 그 중에서 영상 번역은 생동감 넘치고 재미있는 소재를 많이 다루기 때문에 참으로 즐거운 일이었지만, 늘 번역은 필자에게 "고통"이라는 느낌을 안겨 주었다. "두 번 다시 하나 봐라" "더 이상 번역은 하지 말자"라고 했다 가도 어느새인가 내 품안에는 번역 일감이 가득했고, 그런 다람쥐 쳇바퀴 돌 듯 번역은 되풀이 되었다.

영상 번역은 단지 텍스트만이 아니라 영상매체를 대상으로 하고, 번역사의 손길을 통해 해외 영상물을 우리나라 시청자들이 즐길 수 있게 만들 수 있다는 자부심 덕분에 할 수 있는 의미 있는 일이다. 수많은 번역사가 있고, 영상 번역을 하고 싶어 하는 학생들이 많은 요즘, 각종 기관에서 각종 강연에서 영상 번역은 이렇게 한다는 간단한 내용의 한, 두 시간짜리 강연을 통해 입문을 하는 사람들이 있지만, 실상 영상 번역은 정말 누구나 할 수 있어 보이지만, 아무나 할 수 없는 고도의 노력과 집중력 그리고 고통 끝에 탄생하는 고된 작업이다.

이 책을 쓰는 요즘 필자는 어린이 교육용 비디오물의 영상 번역을 하고 있다. 영상 번역하면 영화, 미드만을 떠올리는 경우가 많은데, 다큐멘터리와 더불어 요즘에는 영상 번역의 대상이 다양해져, 교육용 비디오물 번역도 많이 생겨나고 있다. 필자가 말한 교육용 비디오물 번역은 우리나라 말을 영어로 번역하는 것인데, 내용이 공룡과 세계사이다. 덕분에 겨울방학 동안 열심히 공룡을 공부하고, 세계사를 다시 읽어보고 새삼 어린 시절로 돌아갔다. 이 처럼 번역이던 통역이던 단순히 영어만 잘 해서 되는 것이 아니라, 해당 번역물의 소재에 따라 다양한 분야의 내용을 공부하고 이해하고 자신의 번역에 녹여내는 과정이 필요하다. 좋아하는 일이 직업이 되면 참 좋다라는 말에 이의는 없지만, 내가 좋아하는 만큼 내가 잘 알아야 하고 그 만큼 노력이 많이 필요하다는 말이다.

어느 덧 시간이 많이 흘러, 대학에서 영상 번역을 나의 전공과목 중 하나로 강의하고 있다. 영상 번역을 학부생들에게 가르치면서 무언가 깔끔하게 정리가 되어야 제대로 교육이 될 것 같아 그 동안 강의했던 내용들을 모아 책으로 출간하게 되었다. 막상 책을 출간한다고 하니 많이 부족하다는 생각이 떠나질 않는다. 부족하지만 필자의 소중한 시간과 열정이 쏟아 부어졌기에 이 책을 통해 영상 번역이라는 새로운 세계에 도전하는데 좋은 밑거름이 되기를 희망한다. 끝으로 이 책이 나오는데 도움을 주신 신아사 정현걸 대표님, 한규갑 상무님과 편집부 직원 모두에게 감사의 말씀을 전한다.

2016년 3월

저자 박명수

목 차

I. 영상 번역의 이론

II. 영상 번역의 실제

I 영상 번역의 이론

1. 영상 번역
2. 영상 번역의 종류
3. 영상 번역의 이론
4. 영상자막 번역 기법
5. 영상자막 번역 요령

1. 영상 번역

Definition of Audiovisual Translation

생각해 볼 문제

- 영상 번역은 무엇을 번역하는가?
- 영상 번역과 일반 번역의 가장 큰 차이점은 무엇일까?

1-1. 영상 번역의 정의

영상 번역이란 영상물에 나타난 원어(source language)를 목표언어(target language)로 번역하는 것을 의미한다. 영상물이란 스크린에 나타나는 모든 요소를 포함하기 때문에, 일반적으로 시각적인 이미지만을 떠올리기 쉬우나, 미디어 기술의 발달로 다양한 시각, 청각적 요소들이 포함된다. 이제는 영상물이라고 하면 사진, 영화, 텔레비전 프로그램뿐 아니라, 컴퓨터, 스마트폰을 통해 접할 수 있는 다양한 비디오 등 그 범위가 다양하다.

우리가 접하는 대중 매체는 책, 잡지, 신문 등의 인쇄 매체에서 출발해, 라디오와 같은 청각을 통한 메시지 전달 매체인 음성매체, 시각과 청각을 기반으로 하는 영상매체, 그리고 상호작용(interaction)이 가능한 쌍방향 매체라 할 수 있는 인터넷, 스마트 폰, 소셜 네트워크 서비스(SNS) 등으로 대변되는 뉴미디어로까지 확대되었다. 이 중에서 가장 정보 전달력이 뛰어나고, 흡입력을 갖고 있는 매체가 바로 영상매체이다. 이러한 영상매체를 통해 전달되는 영상물의 종류는 실로 다양하다.

공중파 TV 방송에서 제공하던 프로그램만을 보던 시절에는 번역을 통한 해외 영상물을 접하는 유일한 기회는 주말 밤에 방영되던 해외 영화 밖에 없었다. 오늘날과 같은 다양한 해외 영상물을 안방에서 시청할 수 있게 된 계기는 1995년으로 거슬러 올라간다. 1995년에 대한민국 케이블 TV방송이 종합유선방송을 시작하면서부터 소비자들이 다양한 채널 선택이 가능해지게 되었다. 늘어난 방송 채널만큼 다양한 프로그램이 필요하게 되었고, 이를 위해 자체 제작뿐 아니라, 다양한 소비자 욕구를 충족하기 위해 미국 등 영어권 국가의 드라마,

영화, 다큐멘터리 등을 수입 방영하게 된 것이다. 이렇게 수입된 영상물을 방영하기 위한 핵심적 과제가 바로 영상 번역이었고, 이렇게 해서 영상 번역의 전성시대가 열리게 되었다고 해도 과언이 아니다.

1-2. 영상 번역과 일반 번역의 차이

영상 번역과 일반 번역의 차이가 무엇일까? 이에 대해 논하기 전에 다음 글을 읽고, 번역이 무엇인지에 대해 잠시 생각해 보자.

> Translation consists in reproducing in the receptor language the closest natural equivalent of the source language, first in terms of meaning and secondly in terms of style. (Nida, 1984)

Nida의 번역 정의에 나타난 바와 같이 번역이란 원천언어(source language)와 가장 가까우면서 자연스러운 등가어로 재생산하는 작업이다. 번역에서 우선적으로 고민해야 하는 것은 스타일이 아니라, 바로 의미라는 점에 주목해야 한다. 번역은 메시지를 전달하는 작업이기 때문에 의미가 가장 중요하고, 그 다음에 문법, 문장구성 등의 언어적 요소 등을 고민하는 것이다.

"의미"를 파악하고 "의미"를 전달하는 점에서 일반 번역과 영상 번역은 크게 다르지 않다. 여기서 일반 번역은 다양한 장르의 작품을 번역해 종이 위에 글로 남기는 모든 종류의 문서 번역을 지칭한다.

그렇다면 일반 번역과 영상 자막 번역의 가장 큰 차이를 아래 표를 통해 생각해 보자.

	일반 번역	영상 자막 번역
매체	종이	영상
스타일	문어체	구어체
글자수 제약	거의 없다	심하다
언어스킬	읽기	읽기/ 듣기
컴퓨터 프로그램	워드 프로그램	자막제작 소프트웨어
원본노출	없음	있음

[표 1] 일반 번역과 영상 자막 번역 차이점 비교

[표 1]은 6가지 항목으로 일반 번역과 영상 자막 번역의 차이를 비교하고 있다. 첫째, 매체의 차이는 일반 번역은 주로 종이로 인쇄되어 번역되는 것을 의미하는데 반해, 영상 자막 번역은 영상물에 번역이 입혀지는 것을 고려한다는 점이 다르다. 요즘에는 영상물을 텔레비전이나 영화관의 스크린 이외에 컴퓨터, 노트북 컴퓨터, 스마트 폰 등과 같은 휴대용 기기로도 즐길 수 있어, 자막 번역에 아주 익숙하다고 볼 수 있다. 그래서 종이에 인쇄될 번역물의 형태와 영상물에 자막으로 처리되는 번역물이 다르다는 것은 구체적이지 않아도 어느 정도 구분해 낼 수 있을 것이다.

둘째, 스타일은 번역 결과물의 문체에 대한 점에 대한 것이다. 번역 결과물의 문체는 당연히 원문 문체에 좌우된다. 일반적으로 문서번역은 구어체보다는 문어체에 가까울 가능성이 많지만, 영화, 미드 등의 영상물의 경우는 문어체보다는 구어체에 가깝다고 볼 수 있다. 문어체는 구어체에 비해 문장 구성 측면에서 훨씬 복잡하고, 자연히 글의 길이가 상대적으로 길 수 밖에 없다. 결국 구어체 위주의 영상 번역의 자막은 글의 길이가 비교적 짧게 구성해야 한다는 점을 의미한다.

셋째, 글자 수 제약은 번역에서 글자 수의 차이에 대한 것으로, 일반문서 번역의 경우는 번역을 하면서 원문에 비교해 글자 수, 문장의 길이를 치밀하게 고려해야 하는 경우는 드물다. 오히려 문장의 의미를 보다 잘 전달할 수 있다면 원문에 비해 글자 수가 늘어나는 경우도 있다. 그러나 영상 번역의 경우에는 원문의 길이도 참고하지만, 번역 자막이 화면에 들어갈 수 있는 시간, 공간적 여유에 따라 혹은 더빙 번역의 경우에는 영상 속 등장 인물의 입이 어떻게 움직이는지에 따라 글자 수를 조절해야 한다. 자막의 글자 수 제약에 대해서는 3장에서 보다 자세히 다룬다.

넷째, 언어 스킬, 즉 번역사가 번역을 위해 갖춰야 하는 언어 능력에 대한 것으로 일반 문서 번역은 글을 읽고 이해하는 능력만 있으면 되지만, 영상 번역은 글을 읽고 이해하는 능력에 더해, 원본 대사를 귀로 듣고 이해하는 능력도 필요한 경우가 많다. 특히 자막이 화면에 로딩되는 시점과 사라져야 하는 시점을 정하는 싱크작업을 할 때 귀로 듣고 타이밍을 포착해야 하는데 이 경우 영어를 귀로 듣고 이해하는 능력이 필요하다.

다섯째, 컴퓨터 프로그램의 경우, 일반 문서 번역은 컴퓨터를 사용해 문서 작업을 하는 것이고, 영상 번역은 대사를 번역한 후, 영상물에 입혀질 자막 제작 작업을 할 수 있는 능력이 필요하다. 즉 일반 문서 번역은 클라이언트가 요구하는 바에 따라, 아래한글이나, 마이크

로소프트의 워드, 파워포인트 등의 프로그램을 사용하지만, 영상 자막 번역에서는 텍스트 작업을 위해 워드 등의 문서 작업 프로그램뿐 아니라, 자막 작업을 하기 위한 자막 제작 소프트웨어를 사용할 줄 알아야 한다. 자막 제작에 대한 설명은 6장에서 보다 자세히 다룬다.

마지막으로, 원본 노출의 경우, 일반 문서 번역은 일부러 원본과 번역본을 함께 놓고 읽거나, 영한 대역문고 형태가 아니라면 원본이 노출되는 경우가 드물다고 할 수 있다. 그러나 영상 자막 번역의 경우에는 귀로 원본 영상물의 오디오를 듣고, 눈으로는 번역 자막을 읽기 때문에 원본 노출이 불가피하다.

> Subtitling isseen as overt translation, laying itself bare to criticism from everyone with the slightest knowledge of the source language (Gottlieb, 1994).

원본이 함께 노출되기 때문에 Gottlieb의 말처럼 영어를 조금이라도 아는 관객들의 비난의 대상이 되기 싶다. 그러다 보니, 외화 영화 시사회에서 자막으로 영화를 관람한 일부 관객들이 집으로 돌아와 영화가 아닌 번역에 대해 이러쿵저러쿵 하면서 못마땅한 평을 블로그나 카페에 싣기도 하는 일이 심심찮게 생긴다. 악평을 남기는 관객도 관객이다. 원본 노출로 인해 불가피한 현상이라면 받아들여야 한다. 이들의 비평 또는 비판을 참고로 더 나은 번역을 할 수 있는 기회로 삼으면 된다. 이와 더불어, 관람객이나 독자들도 모든 번역사들은 늘 독자와 관객을 생각하며 그들을 위해 작업을 한다는 점을 잊지 않아야 한다.

1-3. 영상 번역의 특성

한 언어로 된 메시지를 다른 언어로 전달하는 작업이라는 점에서 영상 번역과 일반 번역은 크게 다르지 않지만, 앞서 1-2에서 설명한 바와 같이 여러 가지 면에서 차이가 있고, 이런 점을 고려해 번역에 임해야 한다. 무엇보다 영상이라는 독특한 점에 따른 영상 번역의 특성을 잘 알고 있어야 한다. 아래 제시한 영상 번역의 특성은 자막으로 번역을 하는 경우를 전제로 분석한 것이다.

첫째, 영상 번역은 귀와 눈으로 메시지가 전달된다. 일반 문서 번역의 경우에는 독자가 눈으로 글을 읽고, 메시지를 파악하게 되지만, 영상 번역은 영상물 자체가 눈과 귀로 동시에 메시지를 파악하기 때문에, 특히 목표언어(target language)로 번역이 된 영상물이라면, 시청자가 눈으로 화면 내용과 자막을 읽으면서, 귀로는 대화 등 영상물 내용을 듣게 된다. 쉽게 말해, 메시지 전달 채널이 두 개가 된다는 의미이다. 채널이 두 개가 되면 메시지 파악이 두 배로 잘 될 것 같지만, 실제 영상 번역이 된 외국 영화를 보는 관객들은 자막을 읽느라 화면의 중요한 부분을 놓치거나, 반대로 화면을 보느라 자막을 놓치기도 한다. 이런 점 때문에 단순히 원문에 충실하게 한 글자도 빠뜨리지 않고 번역을 해 자막으로 처리한다면 영상 번역의 특성을 전혀 고려하지 않은 부족한 번역이 되고 만다.

2015년 말에 개봉한 박훈정 감독의 영화 "대호"는 일제 강점기 당시 우리나라의 포수들과 지리산의 마지막 호랑이에 대한 내용을 다루었다. 영화 장면 중에 일본군 고관이 일본 장교에게 호랑이를 빨리 잡으라며 다그치는 장면이 나온다. 이 부분은 일본어로 된 부분이라,

자막으로 처리되었는데, 문제는 이 자막 처리가 독자들이 읽기에 너무 많고, 길어 제대로 내용을 파악하지 못할 가능성이 많다는 것이었다. 필자도 이 영화를 보면서 자막 부분에 한 줄에 공백을 포함해서 25자가 넘는 번역을 몇 차례 보면서 자막을 제대로 따라가지 못한 채 다음 장면으로 넘어가 버려 대충 분위기만 파악했을 정도였다. "대호"라는 영화를 비판하려는 것은 아니지만, 영상 번역에서 자막이 갖는 중요성과 역할에 대해 조금 아쉬움이 남는 부분이었다. 영상 번역의 특성을 좀 더 잘 파악하고 적용했다면, 그런 사소하지만 중요한 실수는 막을 수 있지 않았을까 생각하게 만든다. 일반 문서 번역도 번역을 하고 나서 독자 입장에서 내용적인 고민을 하지만, 영상 번역에서는 내용적인 고민에 더해 화면에 등장하는 자막의 길이, 자막 속도 등과 같은 기술적인 면도 고민해야 한다.

둘째, 영상 번역은 말하기다. 흔히 번역은 또 다른 글쓰기라고 말한다. 영상 번역이 말하기라고 하는 이유는 영상 번역에서 주로 영화, 미드, 애니메이션영화 등과 같은 구어체(spoken language style)를 다루기 때문이다. 일반문서 번역에서는 번역 결과물의 문체가 문어체에 가깝다고 볼 수 있다. 문서 번역을 우리가 말하듯이 번역하면 글의 무게감이 없어질 수도 있고, 전문성도 떨어져 보일 수 있다. 그러나 정반대로 영상 번역은 우리말로 대화를 나누는 듯이 번역을 해야 한다.

영화나 미드의 경우, 외국어로 영어를 공부한 사람들에게는 단어 자체는 그다지 어렵지 않은데, 의미는 파악하기 어려운 그럼에도 자주 등장하는 표현들이 있다. 이런 colloquial expression을 잘 알아야 생동감 넘치며, 자연스러운 번역을 할 수 있다. 모든 colloquial expression에 해당하는 등가어(equivalence)를 찾는 작업이 번역에서 중요한 일이지만, 그 부분은 차치하고, 영상 번역의 특성상 원어의 colloquial expression들을 이해하는 일이 무엇보다 급선무이다. 예를 들어 다음 대화를 읽어보고 의미를 생각해 보자.

A: It cost me 100 dollars.
B: Come on, **I wasn't born yesterday.**

위 대화에서 A가 100달러가 들었다고 말하자, B가 한 말은 문자 그대로 보자면 "어제 태어나지 않았어."라는 말이 된다. 전혀 무슨 말인지 알 수 없다. 여기서 I wasn't born yesterday는 "You can't fool me."라는 의미로 번역하자면 "내가 바본 줄 알아?" "아니, 이거 왜 이러세요?" "누굴 속이려 들고 있어" 정도가 된다. 이 표현을 구성하고 있는 각 단어들이야 너무나 쉽지만, 문자 그대로 (literally) 번역해서는 전혀 메시지가 전달되지 않는다. 바로 이런 표현들이 colloquial expression이고 이러한 표현들이 가득하다는 점이 영상 번역의 큰 특성이다. 그래서 말하듯이 자연스러운 번역이 필요하다.

셋째, 영상 번역은 읽는 속도를 고려해야 한다. 일반 문서 번역은 독자들이 글을 읽는 속도를 전혀 고려하지 않는다. 한 페이지를 10초에 읽건, 한 시간에 읽건 그건 독자의 몫이다. 그런데 영상 번역에서 자막을 읽는 시청자들은 스스로 정지버튼을 눌러 일부러 차근차근 읽거나, 다시 읽지 않는 한 자막이 나타났다가 사라지기 전에 해당 메시지를 파악해야 한다. 자막은 보통 두 줄에 모두 합쳐 32자 정도가 들어가도록 규정하고 있다. 32자를 읽는데 걸리는 시간이 저마다 다르겠지만, 보통 두 줄을 읽는데 6초 정도 걸린다고 본다면 6초 내에 읽고 이해할 수 있도록 배려해야 한다는 의미이다. 앞서 언급했던 "대호" 영화에서 자막의 일부도 이러한 6초를 지키지 않은 경우가 있었고, 팬섭(fan subtitle)의 경우에는 읽는 시간을 전혀 고려하지 않아 두 줄 자막이 4초도 안돼서 사라져 버리고 이런 4초 미만의 자막이 연속으로 등장하는 경우도 많다. 번역은 자기만족이 아니라, 독자, 시청자, 관객들을 위한 서비스라는 점을 잊지 말아야 한다.

영상 번역 연습

아래 원고지 칸 안에 각 줄 대사를 띄어쓰기를 지켜 우리말로 번역하시오

A: How do you like the dress?

B: I love it but...

A: You look amazing in the dress. What's the problem?

B: I am afraid that it's going to cost us an arm and a leg.

[번역]

2. 영상 번역의 종류

Types of Audiovisual Translation

생각해 볼 문제

- 자막 번역과 더빙번역 중 어떤 방식을 더 선호하는가?
- 그 이유는 무엇인가?
- 자막과 더빙번역 중 어떤 방식에 제작시간 비용이 더 필요할까?

영상 번역은 영상물에 나타난 언어적 요소를 목표언어(target language)로 번역해 어떤 방식으로 제시하느냐에 따라 일반적으로 "자막 번역(subtitled translation)"과 "더빙 번역(dubbed translation)"으로 구분할 수 있다. 케이블 방송이 등장하기 이전에 우리는 주로 공중파 방송국에서 전문성우들의 활약이 돋보이는 더빙 번역판 영화를 통해 외국 영상물을 접할 수 있었다. 반면 극장에서 우리가 외국 영화를 볼 때 이해를 돕기 위해 제공되는 화면 하단의 자막이 바로 자막 번역의 한 예이다. 이러한 자막 번역은 케이블 방송의 다양한 프로그램 방영 덕분에 이제는 빈도 면에서 더빙번역을 압도하고 있다.

2-1. 자막 번역(subtitled translation)

먼저 자막 번역에 대해 살펴보자. 자막은 보통 subtitle이나 caption이라는 말로 사용한다. DVD 플레이어를 통해 영상물을 접하기 시작하면서 subtitle이라는 용어가 일반화 되었지만, 이전에는 caption이라는 용어가 더 친숙하게 사용되었다. 다음은 subtitle에 대한 위키피디어의 정의이다.

> Subtitles are derived from either a transcript or screenplay of the dialog or commentary in films, television programs, video games, and the like, usually displayed at the bottom of the screen, but can also be at the top of the screen if there is already text at the bottom of the screen. They can either be a form of written translation of a dialog in

> a foreign language, or a written rendering of the dialog in the same language, with or without added information to help viewers who are deaf and hard of hearing to follow the dialog, or people who cannot understand the spoken dialogue or who have accent recognition problems. (Wikipedia의 subtitle 정의)

위키피디어의 정의에서 알 수 있듯이 subtitle은 번역의 결과가 영상물의 하단 또는 상단에 표시되는 것을 의미한다. 자막 번역의 대상은 주로 영상물의 언어적 요소는 등장인물의 대사이며 여기에 추가적으로 필요에 따라 화면에 등장하는 배경 속의 언어적 요소를 번역하기도 한다. 자막은 [그림 1]처럼 화면의 하단에 주로 표시되고 있지만, 예전 극장에서는 좌석배치 각도로 인해 앞 사람 때문에 제대로 자막을 읽을 수 없다는 문제를 해결하기 위해서 하단 보다는 [그림 2]처럼 화면의 우측에 제시되기도 했다. 이제는 극장 내의 좌석이 앞, 뒤 공간 및 각도 등의 문제가 개선되어 자막은 주로 스크린의 하단에 위치한다.

[그림 1] 가로 하단형 자막 번역 예시

[그림 2] 세로 우측형 자막 번역 예시

일반적으로 케이블 방송국에서 수입해서 상영하는 영화나 미드 등의 드라마의 경우에는 한국 시청자를 위해 제작한 것이 아닌 authentic materials이기 때문에 당연히 번역이 절대적으로 필요하다.

자막 번역은 원래 영상물에 없는 문자를 화면에 띄워 시청자의 이해를 돕는 수단인 것이다. 다시 말해 영화나 미드의 경우, 등장 인물 간의 음성 언어를 문자 언어로 표현하는 번역이 자막 번역이다.

2-2. 더빙 번역(dubbed translation)

더빙이란 외국어로 제작된 영상물에 목표 언어로 번역해 등장하는 인물의 입 움직임에 맞춰 녹음하는 것을 의미한다. 번역 결과물을 화면에 삽입하는 자막 번역과 달리, 더빙번역은 번역된 내용을 성우가 녹음 스튜디오에서 연기를 하듯 감정을 넣어 표현해야 하기 때문에 자막 번역 보다 복잡한 절차를 거치게 된다.

더빙 번역은 주로 우리나라 공중파 방송국에서 방영하는 영화, 다큐멘터리, 뉴스 등에 사용된다. 일반적으로 번역 작업이 이뤄진 후 성우의 녹음 작업이 필요하기 때문에, 비용도 더 많이 들고, 시간도 더 많이 소비될 수 밖에 없다. 더빙 번역으로 된 작품에 익숙하다 보면 외국 배우의 목소리를 직접 들을 수 없다 보니 특정 배우와 우리나라의 유명 성우를 목소리로 동일시하게 되는 해프닝이 생기기도 한다. 외국어인 영어를 배우려는 관점으로 보자면 더빙 번역은 외국어 학습 관점에서는 도움이 되지 않는다.

자막 번역은 제한된 화면 공간에 번역 결과를 삽입하기 때문에, 글자 수 제약이 있는데, 그에 비해 더빙 번역은 공간적인 제한 보다는 인물의 입 움직임에 따라 글자 수 조절이 가능하기 때문에 보편적으로 번역 결과물의 글자 수를 기준으로 볼 때 좀 더 여유롭게 번역이 가능하다.

2-3. 보이스오버 번역(voice-over translation)

보이스오버는 원래 영상물에서 화면에 보이지 않는 인물의 말을 의미한다. 보이스오버 번역은 더빙 번역처럼 성우 등에 의해 녹음 작업이 필요한데, 더빙 번역과 달리 등장 인물의 소리를 삭제하지 않고, 그 소리를 2-3초 뒤에 따라가면서 번역 텍스트를 읽어가며 녹음이 이뤄진다. 그래서 보이스오버는 마치 동시통역처럼 녹음이 이뤄진다고 볼 수 있다. 보이스오버 번역은 시청자들이 성우가 녹음하는 결과물을 듣지만, 뒤 편에서 나오는 원음도 알아 들을 수 없지만 희미하게 소리가 난다는 것을 알 수 있다. 그러다 보니 더빙 번역보다는 완성도가 떨어진다는 오해를 받을 수 밖에 없다.

이 기법은 주로 다큐멘터리나 뉴스에서 인터뷰 내용에 주로 사용된다. 현장성을 전달한다는 측면에서는 오히려 적절한 번역 방법이라고 볼 수도 있다. 폴란드, 불가리아, 러시아 등 동유럽 국가들 중 일부 국가들이 전통적으로 보이스오버 기법으로 영화를 번역하기도 했다. 이런 경우, 보이스오버 번역 녹음을 하는 성우 또는 배우가 더빙 번역처럼 여러명 동원되지 않고, 소수에 의존해서 이뤄지기 때문에 시청자 입장에서는 그 맛이 떨어질 수 밖에 없다는 단점이 있다. 다만, 상대적으로 제작 비용이 적기 때문에 경제적인 관점에서 필요에 따라 활용도가 높은 영상 번역 기법이라 할 수 있다.

2-4. 자막 vs. 더빙 번역

극장에 가서 외국에서 수입된 할리우드 영화를 볼때 우리나라에서는 자막이 나오는 것을 당연하게 여긴다. 공중파 TV에서 보는 할리우드 영화는 어떤가? 당연히 더빙으로 된 외화를 상영한다. 극장과 안방의 환경이 다르다. 1995년 우리나라에서 케이블 TV방송이 시작되면서 안방에서 보는 외화의 더빙은 케이블 방송의 자막 처리가 대세를 이루면서 판도가 바뀌었다. 케이블 방송에서는 외화, 미드를 방영할 때 전적으로 자막 방송을 원칙으로 하고 있다.

만일 선택이 가능하다면, 미드나 영화를 볼 때 자막으로 된 것과 더빙으로 된 것 중에서 어떤 것을 더 선호하는가? 나이가 젊을수록 자막 방송을 선호하는 경향이 많고, 특히 외국어인 영어에 대한 학습 필요나 욕구가 있는 경우라면 더욱이 자막 방송을 선호한다. 그러나 나이가 많고 외국어 학습에 대한 생각이 없는 사람들에게 자막방송은 낯설 수 밖에 없다. 필자가 강의 중에 대학생들을 대상으로 자막과 더빙 중 무엇을 더 선호하는가?를 물었을 때 자막에 대한 선호도가 압도적이었다. 미드나 외화를 보는 이유를 "학습 vs. 오락"이라는 맥락에서 답을 찾을 수도 있지만, 어릴 때부터 자막방송에 노출이 많이 된다면 당연히 자막 방송에 익숙해지고, 부지불식간에 좋아하게 될 수 밖에 없을 수도 있다.

다음 인용문은 왜 국가별로 자막과 더빙에 대한 선호도가 다른가에 대한 이유를 정리한 것이다.

> ... Trans-That discussed the reason why some countries appear to prefer watching dubbed films rather than those with subtitles. It concluded that the option a person chose provided insight into their cultural background, noting subtitles were often selected by those with an interest in

overseas cultures, while dubbing was the pick for those with "dominant nationalist interests".
However, it explained that by and large the preference for dubbing or subtitles was predetermined by the wealth of the country where the film was being shown, as dubbing was more frequently used in rich countries. Yet taking this into account, the blog claimed that the option a country's population preferred could still provide an insight into how it viewed itself in comparison to other cultures.

[Subtitling vs. dubbing: The great debate][1)]

이 글에서 자막과 더빙 중 어떤 것을 선호하느냐에 대한 해답의 힌트를 민족적 자긍심, 외국 문화에 대한 관심, 경제 능력 등으로 설명하고 있다. 첫 단락에서 설명했듯이 민족적 자존심, 자부심이 강한 나라는 더빙을 선호하고, 외국 문화에 대한 관심이 많다면 자막을 선호한다고 볼 수도 있다. 더빙의 경우에는 앞서 설명했듯이 제작에 시간과 비용 투자가 요구되기 때문에 비교적 부유한 유럽 국가들이 이에 해당한다고 볼 수 있다.

유럽에서 이렇게 영화 등의 영상물에 더빙이나 자막을 통해 외화를 상영하게 된 배경에는 바로 유성영화(talking movies/ talkie)의 등장이 있다. 유성영화가 등장했던 1920년대에 미국은 발 빠르게 이 트렌드를 영화에 적용해 시작한 반면, 유럽에서는 이런 추세에 대해 다

1) Language Insight 웹 페이지에서 2013년 게시한 Subtitling vs. dubbing: The great debate 글 참조. http://www.languageinsight.com/blog/2013/05/21/subtitling-vs-dubbing-the-great-debate/

소 부정적으로 바라보았다. 그래서 유성영화가 유럽에서는 조금 힘들게 자리잡은 셈이다. 이런 와중에 미국의 할리우드 영화가 수입되면서, 이 영화를 어떻게 상영할 것인가가 고민거리가 된 것이다[2]. 미국의 언어인 자막 처리를 통해 메시지를 전달하고, 영어는 들리도록 할 것인가? 아니면 자국 언어로 더빙을 해서 영어를 못 듣게 만들 것인가? 이런 고민을 어떻게 해결했는가를 알려면 당시 유럽의 역사, 정치적 배경을 이해해야 한다. 다음 단락에서 이에 대해 좀 더 자세히 알아보자.

A. 더빙 선호 국가

FIGS group[3]으로 불리기도 하는 유럽의 네 나라 프랑스, 이탈리아, 독일, 스페인은 더빙을 선호하는 나라이다. 왜 이들 나라들이 더빙을 선호하게 되었을까? 이에 대해 Betz(2009)는 "the effacement of the national signifier and the very building block of it"이라고 원인을 분석했다. 한 마디로 앞서 설명한 민족적 자존심과 역사, 정치적 배경에서 나름 이유를 찾을 수 있다는 것이다.

먼저, 프랑스의 경우, 역사적으로 영국, 미국을 압도할 만큼 대단한 문화적으로 크게 융성했던 자부심이 대단한 나라이다. 아직도 우리가 프랑스라고 하면 왠지 문화, 예술, 패션 등으로 앞선 나라라고 생각이 드는 것이 전혀 근거가 없는 것이 아니다.

2) 유성영화(sound film)에 대한 위키피디아의 글. https://en.wikipedia.org/wiki/Sound_film

3) France, Italy, Germany, and Spain 국가명의 첫 글자를 따서 만든 별칭으로 fig은 유럽에서 흔히 볼 수 있는 무화과 나무라는 뜻이기도 하다.

> In France, where the Joinville studio was converted into a dubbing center, the reasons for the supremacy of dubbing derive from the nation's cultural mission to preserve and protect the French language in the face of foreign (especially American) influence, and the ubiquity of French as the lingua franca for a populace accustomed to hearing it both on television and in cinemas due to a significant number of domestic productions.
>
> (Betz, 2009, p. 90)

Betz의 설명대로 만국 공용어로서 위상을 미국과 영국이라는 두 강대국에게 빼앗기지 않으려고, 프랑스는 정부차원에서 프랑스어 보호에 나선 것이 수입 영화 상영에도 적용된 것이다.

사실 1920년대의 유럽은 1차 세계대전 종전 이후 경제적으로 회복을 위한 노력이 이어지며, 사람들의 문화생활에 대한 관심이 늘어났지만 할리우드 영화 수입이 나날이 늘어가던 시기였다.[4] 가뜩이나 민족적 자존심이 강했던 프랑스 같은 경우는 전쟁과 전후 회복기에 무지막지하게 돈을 벌어들이던 미국이 눈에 가시였는데, 영화 제작 기반이 취약한데다 제작은 줄이고, 외화 수입 배급, 상영에만 집착하는 프랑스 영화계 분위기로 인해 눈뜨고 당할 수 밖에 없는 상황이었다.

1928년 외국영화의 지배에서 국민의 풍속과 전통을 지키기 위해 영화심의위원회 신설과 더불어, 프랑스 영화 1편 제작에 외화 7편 수

4) 경북대 불어불문학과 이경의 교수 홈페이지 참조. http://www.moliere.pe.kr/

입권을 부여하게 되었다. 이런 연유에서 수입된 미국 할리우드 영화는 영어라는 언어가 프랑스 국민들 귀에 들리게 가만히 둘 리가 없었다. 더빙을 통해 영어를 지워 버린 것이라 할 수 있다. 프랑스는 아직도 극장에서 상영하는 외화는 더빙 상영이 일반화 되어 있다. 자막상영을 하는 영화라면 VO(version originale: 오리지널 버전) 표시를 한다.

스페인, 독일, 이탈리아의 경우도 외국, 특히 미국의 영향에서 자국의 문화, 언어, 더 나아가 자국의 영화 시장을 보호하려는 의지가 강했던 1920, 1930년대에 할리우드 영화를 바라보는 시선이 곱지 않았다. 당연히 영어를 지워버리고 대신 자국의 언어를 더빙해 상영했다. 당시 이들 나라들은 Franco, Mussolini, 그리고 Hitler라는 독재자가 지배하고 있었는데, 이들은 하나같이 외국 문화의 영향을 최소화하기를 원했고 "national identity" (Betz, 2009)유지, 강화를 위해 언어가 얼마나 중요한가를 잘 알고 있었다. 스페인에서는 프랑코 총통이 자국 내의 Basque, Catalan, Galician을 사용하는 이들이 스페인어를 국어(national language)로 사용하기를 간절히 원했었고, 이탈리아에서도 자국 내 여러 방언 대신에 표준 이탈리아어를 사용하도록 했는데, 이러한 분위기로 수입된 외화의 거의 대부분은 더빙 상영할 수 밖에 없었다.

B. 자막 선호 국가

무성영화(silent movie)를 보면, 중간에 장면 사이에 인터타이틀(intertitle)이라는 텍스트가 나오는 경우가 있는데, 소리로 메시지를 전달할 수 없었던 기술의 한계를 극복하면서, 감독, 연출자가 적절히 시간의 흐름이나, 내용의 배경을 전달하기 위한 수단으로 사용되었다. 이러한 인터타이틀은 유성영화가 등장하면서 불필요한 존재가 된것은 어찌 보면 당연한 결과였다.

외국에서 영화 등의 영상물 수입이 시작되면서 유럽 국가들 중 스튜디오를 사용해 성우가 번역된 내용을 더빙하는 절차를 할 경제적, 시간적 여유가 없던 나라들은 무성영화 시절의 인터타이틀 방식으로 텍스트 자막으로 외화를 상영하기로 한 것이다.

이러한 번역자막 방식은 유럽의 소규모 국가들을 비롯한 많은 국가들이 선호하는 외화 상영방식으로 자리잡게 되었다. 더빙 방식에 비해 비용도 적게 들고, 제작에 투입되는 시간도 적다는 점이 이들을 사로잡은 것이다.

경제적인 이유와 더불어 영화보호를 위한 조치라는 의견도 있는데, 예를 들어, 포르투갈은 1948년에 제정된 영화산업보호법 때문에 오랫동안 더빙이 금지되었다고 한다.[5)]

우리나라의 경우에는 앞서 언급한 것처럼, 케이블 방송의 등장과 더불어 외화의 번역자막 방송 시대가 열린 셈이다. 여전히 공중파에서는 더빙을 원칙으로 하고 있으나, 다양한 케이블 방송국에서 미드 및 외국 영화를 방영할 때 자막을사용하고 있어, 젊은 층을 중심으로 자막이 당연하게 받아들여지고 있다고 볼 수 있다.

위키피디아의 더빙과 자막에 대한 자료를 바탕으로 다음 국가들이 자막을 선호하는 것으로 볼 수 있다.

Albania, Arabic countries (레바논의경우, 아랍어와 프랑

5) 더빙과 자막 나라별 차이 QnA. 네이버 자료 참조. http://today.movie.naver.com/today/today. nhn? sectionCode=MOVIE_TUE&sectionId=1990

스어의 동시 자막 상영), Argentina, Australia, Belgium, Bolivia, Bosnia and Herzegovina, Brazil, Bulgaria, Colombia, Cuba, Costa Rica, Croatia, Cyprus, Denmark, Estonia, Finland, Greece, Hong Kong, Iceland, Indonesia, Israel, Ireland, Japan, Macedonia, Malaysia, Montenegro, The Netherlands, Norway, Peru, Portugal, Romania, Serbia, Slovenia, Singapore, South Africa, South Korea, Sweden, Taiwan, Turkey, Ukraine, United Kingdom, and Uruguay.[6)]

6) Abercao 블로그 참조. https://www.abercap.com/blog/2009/02/13/to-dub-or-to-sub/

영상 번역 연습

아래 원고지 칸 안에 각 줄 대사를 띄어쓰기를 지켜 우리말로 번역하시오.

A: You've been wearing that brown suit for 20 years.

B: It still fits and it never goes out of style.

A: How old are your shoes? I think it's time to throw out them.

B: Never, ever! Over my dead body.

[번역]

3. 영상 번역 이론

Theories of Audiovisual Translation

생각해 볼 문제

- 번역 자막의 가장 적합한 색상은 무엇일까? 이유는?
- 번역 자막의 정렬 방식은 좌측 또는 중앙 정렬 중에서 무엇이 가장 적합할까?

본 장에서는 영상 번역에 대한 여러 다양한 연구를 바탕으로, 영상 번역과 관련된 이론을 다룬다. 영상 번역은 실제적이고 실용적인 영역이어서, 과연 이론이라는 것이 있는가?라는 반문을 할 수도 있겠지만, 세상의 모든 것이 그렇듯이 모든 것에는 이유가 있는 법이고, 그런 이유를 들여다보면 우리가 미처 알지 못한 역사적, 사회적, 과학적, 언어적 이유와 그 타당한 근거가 있기 마련이다.

자막은 원래 영상물에 없던 텍스트 문자들을 영상물에 덧입혀 외국어로 된 내용을 이해할 수 있도록 만든 수단이다. 원래 영상물은 소리(audio)와 화면(video)이라는 이미지를 통해 이해하는 것이 기본이다. 그러나 이러한 요소에 자막이라는 시각적 입력(visual input)이 추가되어 이해를 돕는 것이다. 한 마디로, 외국어로 만들어진 영화, 미드, 다큐멘터리 등의 영상물을 감상할 수 있도록 감사하게도 자막이 도와주는 것이다.

원래 소리 메시지는 귀를 통한 입력(aural input)으로 접할 수 밖에 없는데, 이를 눈을 통해서도 정보를 파악(visual input)할 수 있게 된다. 이는 해당 외국어를 어느 정도 이해하느냐에 따라서는 귀와 눈을 통한 이중 입력(double input)이 가능할 수도 있다는 장점이 되는 것이다. 이중 입력이 내용을 이해하는데 훨씬 더 도움이 되느냐에 대해서는 다양한 학자들의 이견이 존재하고 있다. 기본적으로 자막을 읽어야 하기에 읽기 능력에 따라 자막을 읽느라고, 특히 자막이 길어 내용이 많은 경우, 화면을 통한 정보 파악은 그 만큼 방해 받을 수 밖에 없기 때문이다.

자막이라는 수단의 속성과 여러 요인에 따라 정보를 얻는 속도와 내용 수준에 차이가 날 수 밖에 없기에 이러한 영향에 대해 잘 이해하고 자막 번역을 하는 것이 필요하다.

3-1. 자막의 속성

3-2. 자막과 가독성

가독성(readability)은 독자가 글을 얼마나 쉽게 읽을 수 있는지를 나타내는 정도를 의미한다. 영어로 readability라고 표현하며, 우리말로는 이독성이라고 표현하기도 한다. 먼저 자막의 가독성은 시청자가 자막을 얼마나 쉽게 읽고 이해할 수 있는가를 의미하기에 영어로 readability라는 표현이 적당한 표현이 된다. 다만, 자막의 기본 구성 요소라 할 수 있는 폰트의 크기, 색상, 위치 등에 관련된 부분을 국한해서 얘기한다면 이는 판독성(legibility)에 해당한다고 볼 수도 있다. 판독성은 한글 글꼴 용어 사전에 따르면 "글자 형태를 식별하고 인지하는 과정"이라고 설명하면서 "초기에 독서의 용이함과 독서 속도에 영향을 미치는 요소를 논의할 때 legibility라는 용어가 사용되었고, readability라는 용어는 1940년대 말부터 일부 학자들에 의해 사용되어 혼란을 초래해 왔다고 덧붙이고 있다.

사실 우리가 자막에서 가독성을 말할 때는 이 두 가지 모두가 포함된다. 활자 자체에 대한 인식에 초점을 두는 디자인적인 요소 위주의 관점도 있고, 글을 읽고 이해하는 인지기능적인 요소 위주의 관점도 존재하기 때문이다. 이를 요약하자면 다음과 같다.

> 활자 그 자체는 판독성(legibility)이 얼마나 좋은가를 측정할 수 있는 대상이 된다. 한편 가독성은 망막을 통해서 들어온 글의 의미를 파악하는 행위를 말하는 것으로서 주어진 시간 안에 많은 양의 글을 정확하게 읽을 수 있다면 그 글은 가독성이 좋다고 할 수 있다.
>
> [월간 디자인넷 (2005)가독성 실험, 무엇을 믿어야 하나]

번역 자막의 가독성에 영향을 미치는 요소는 이 두 가지를 포함해 다양한데, 다음 인용문에 이러한 요소들이 잘 정리되어 있다.

> On a purely formal basis, the general requirements for unobtrusive, reader-friendly subtitles are rhythm, visibility, layout, and sequencing. These requirements entail the choice of typefaces, punctuation and other typographical variables such as the selection of appropriate size, length and spacing of each character. Attention should also be paid to line positioning, justitification and line break, number of characters per line and lines per subtitle blok. Finally, synchronisation and timing have to be considered as important elements, which back up subtitle readability
>
> (Ivarsson and Carrol, 1998).

자막 활자 자체에 대해서 보자면, 폰트의 크기, 유형, 색상 등을 생각해 볼 수 있다. 먼저 폰트 크기는 정확한 정답을 내리기 쉽지 않지만, 해결책이라면 자막을 읽는데 지장이 없는 범위에서 조절할 수 있기 때문이다. 요즘에는 개인 컴퓨터, 스마트 폰 등으로 영상물을 보는 경우가 많은데다, 동영상 플레이어에서 쉽게 폰트 크기를 쉽게 조절할 수 있어 크게 문제되지 않는다고 할 수 있다.

자막 폰트 유형의 경우, 개인적으로 선호하는 것이 무엇이냐에 따라 상당히 호불호가 갈리는 부분이다. 엔씨소프트, 블리자 등 게임회사들이 선호하는 폰트는 2002서체라고 한다. 물론 이러한 선호도는 시대에 따라 사용자에 따라 얼마든지 변화할 수 있다. 다만 명심해야 하는 것은 컴퓨터에서 기본적으로 제공하는 폰트 유형 이외에는 반드시 구입을 하거나 사용허락을 받은 후 사용해야 한다는 점이다. 폰트 유형도 엄연히 디자이너가 개발한 창작물이기 때문이다. 아래 [그림 1]의 경우 극장용 외화의 자막으로 사용되어 왔고, 자막용 소프트웨어와 함께 유료로 구매해야 하는 "태-영화체"라는 폰트 유형이다. 이러한글씨의 폰트는 일반 대중에게 효과적인 정보 전달이라는 측면뿐만 아니라, 기업의 마케팅 전략에도 적극 활용되고 있다. "… 새로운 콘텐츠 마케팅 영역으로 떠올랐다. 단순히 메시지를 전달할 뿐만 아니라 대중에게 널리 사용됨으로써 그만큼 기업 이미지를 효과적으로 전파할 수 있는 아이콘이 되기 때문이다." (곽도영, 2015)

자막 번역이 아니더라도, 최근 들어 일반 방송물에서도 다양한 자막을 통한 정보 전달을 시도하는 것이 당연히 여겨지고 있다. 소위 "기호 감성 스케일(Taste Scale)"[7]에 따라 자막을 분류해, 영상물의 내용이나 관객의 성향을 추정해 적절한 자막을 사용하는 것도 가능하다. 감성기호는 사람들마다 각자의 취향이나 문화, 관습 및 교육에 따라 다르기 때문에 자막의 변화는 시대적 흐름에 따라 다양하게 변화를 보인다. (정태섭, 2012)

7) 감성언어를 비롯한 여러 가지 조형적 감각대상을 사람들의 객관적 기호판축에 의거해 체계적으로 분류하고, 그것을 시각적인 좌표공간에 종합적으로 표시한 일종의 감성세계 지도(정태섭, 2012).

[그림 1] 태-영화체[8]

이런 우려를 피해가려면, 가장 일반적으로 사용되는 폰트 유형을 택하는 것이 안전하다. 황진희(1982)는 한글의 본문용 문자체와 그 가독성에 관한 연구에서 명조체, 고딕체, 그래픽체, 디나루, 세나루 순으로 가독성이 좋다고 밝히면서, 글자줄기가 너무 가늘거나 굵으면 가독성이 나쁘다고 하였다. 또 다른 연구(이수정, 정우현, 정찬섭, 1993)에서는 명조체, 고딕체, 샘물체를 비교해 한글의 가독성을 살펴보았는데, 이 연구에서도 명조체와 고딕체가 가독성이 좋았다고 결론을 내렸다. 과연 어떤 글자체가 자막에 가장 적합한가는 한 마디로 뭐라고 정하기는 어렵다. 결국 시대에 따라 변화를 반영하려는 노력이 필요하고, 미디어 기기의 환경에 따라 최적의 폰트 유형을 파악하려는 연구도 진행되어야 한다.

다음으로, 폰트의 색상을 살펴보자. 자막 색상은 좋아하는 색깔이 무엇이냐와는 다른 질문이다. 번역자막을 쉽게 읽어낼 수 있도록 도

8) 태시스템 공식 온라인 스토어에 "태-영화체" 구입 가능하다.
(http://thefont.co.kr/shop/goods/goods_view.php? &goodsno=80)

와야 하는 기능적인 측면을 고려해야 하기 때문에 마음대로 노란색, 빨간색 등으로 할 수 없다. 일반적으로 자막은 검정색 또는 하얀색으로 하는 경우가 가장 흔하며, 필요한 경우 자막자체에 검정색 배경을 넣고 그 위에 하얀색으로 자막을 삽입하기도 한다. 판독성을 고려한다면 검정색 배경에 하얀색으로 자막을 만드는 것이 가장 좋다.[9] 최근 케이블 방송 프로그램으로 방영되는 영화나 미드의 경우 자막은 하얀색으로 처리되는 경우가 압도적으로 많다.

자막의 색상이 검정색 또는 하얀색 이외의 색상으로 처리되어야 하는 경우는 다음과 같다.

첫째, 음성언어 중에서 원천언어가 두 가지 이상인 경우를 생각해 볼 수 있다. 즉 영어로 대화를 나누던 등장 인물들이 불어 또는 러시아어 등과 같이 다른 언어로 대화를 나누는 경우에는 영어는 하얀색으로 처리한 후, 다른 언어로 된 발화 내용은 노란색으로 표시하면 된다.

둘째, 음성언어 이외의 요소가 화면에 나타나는 경우가 있는데, 예를 들어 배경화면에 등장하는 간판, 도로 표지, 클로즈업된 신문, 잡지 등은 노란색 등 원래 자막 색상과 다른 색으로 표시하게 된다.

셋째, 드물기는 하지만 여러 명의 등장인물의 대화가 한 화면 안에 처리되어야 하는 경우에는 색상을 달리해 자막을 처리할 수도 있다.

---

9) 영국 BBC방송의 자막 지침에서 색상에 대한 설명도 검정색 배경에 하얀색 글씨를 권하고 있다.
http://www.bbc.co.uk/guidelines/futuremedia/accessibility/subtitling_guides/online_sub_editorial_guidelines_vs1_1.pdf

이런 경우, 검정색 배경 또는 배경 색상 없이 각 화자의 발화내용에 대한 자막색상은 하얀색, 노란색, 하늘색, 녹색 등을 사용하면 된다. 컴퓨터를 이용해 동영상 플레이어에 따라 자막의 색상과 배경을 얼마든지 개인 기호도에 따라 변경이 가능하지만, 자막의 원래 기능을 고려해 색상 변경은 최소화해야 한다.

다양한 외국 방송을 접하기가 상대적으로 쉬웠던 유럽 국가들 중 특히 네덜란드, 벨기에 등에서는 이러한 자막 번역 및 자막의 가독성에 대한 연구가 활발하게 이뤄져 왔다.

A. 자막의 줄 수 (Number of lines per subtitle)

자막의 줄 수에 대한 논의는 여전히 해답을 찾을 수 없다(Pavesi & Perego, 2009). 일반적으로 자막 번역에서 자막은 두 줄 이내로 하는 것으로 이뤄지고 있다. 학자들마다 두 줄이 좋다 또는 한 줄이 좋다는 식으로 이분법적으로 접근하는 경우도 있지만, 영상물 속의 메시지 내용에 따라 한 줄에서 두 줄까지 내에서 정보를 전달하면 되는 것으로 생각해 볼 수 있다. 그렇다면 여기서 고민해봐야 하는 것은 바로 줄바꿈은 어디서 해야 할까? 우선 고려해야 하는 것은 자막의 언어적 기능측면에서 적절한 의미를 기준으로 다음 줄로 분리되어야 한다는 것이다. 둘째로, 영상물을 최대한 가리지 않도록 해야 하기 때문에, 아울러 눈 근육의 움직임을 최소화해 눈의 피로도를 낮추기 위해, 가능하다면 두 줄 자막에서 첫째 줄 자막은 둘째 줄 자막보다 짧은 것이 좋다(Ivarssn and Carroll, 1998).

B. 자막 한 줄당 글자수

자막 한 줄당 허용되는 글자수는 원래 영상물 메시지 양 축소 또는 생략을 최소화하면서 충분히 정보가 전달될 수 있도록

32~40characters로 볼 수 있다. 이러한 수치는 번역사의 주관적 판단에 따라 임의로 정해지는 것이 아니라, 번역자막을 읽고 영상물을 이해하게 되는 주체인 시청자의 평균적인 읽기 능력을 기준으로 한 것이다. 유럽에서 주로 1980년대에 진행된 연구들은 소위 "6초 규칙(six-second rule)"을 주장했는데 이는 TV방송에서 화면에 두 줄로 된 자막을 나타내면 평균 정도의 읽기 속도를 가진 시청자들이 자막 두 줄을 읽는데 6초 정도 걸린다는 것을 의미한다. 자막 각 줄에 37characters, 두 줄에 총 74characters를 기준으로 한 연구였다.

영상세대라 할 수 있는 요즘 젊은이들이나 자막이 있는 외국영상물이 범람하는 요즘을 생각해 보면, 이러한 글자 수의 제한은 확대될 수 있지 않을까 생각해 볼 수도 있다. Cintas(2009)는 디지털 기술의 등장과 활용에 따라 영상물에서 자막이 characters 기준에서 pixel 기준으로 바뀌면서 예를 들어 w, m와 t, i 등이 디지털 기술에서 화면을 차지하는 픽셀 수에 차이가 난다는 점에 주목했다. 실제로 w와 m은 상대적으로 화면에서 차지하는 공간이 더 많을 수 밖에 없다. 주로 사용되는 자막 제작 소프트웨어는 픽셀을 기준으로 하지 않고 characters를 기준으로 하는 경우가 대부분이어서 픽셀을 기준으로 한 글자 수 제한은 심각하게 고민할 필요는 없어 보이지만, 기술 발전에 따라 이런 기준은 달라질 소지가 충분하다. Cintas는 자막 각 줄당 글자수는 언어별로 다르기 때문에, 키릴 언어의 경우에는 35characters, 그리스 및 아랍권 언어의 경우 34characters 그리고 한국, 일본, 중국어의 경우에는 14characters를 기준으로 삼으면 된다고 권한다.

자막 제작 소프트웨어를 사용하는 경우, 이러한 자막의 글자수 제한 범위를 미리 지정해 작업을 하면 글자수를 수작업으로 세는 수고를 덜 수 있다. 이런 경우 보통 자막 글자 수 제한이 컴퓨터가 인식하는 단위로 바이트(byte)로 표시하게 되는데, 영어는 한 character가 1byte인 반면, 우리 한글의 경우에는 한 character가

2byte에 해당한다.
정보교환용 표준 부호로 미국에서 제정한 아스키(American Standard Code for Information Interchange) 코드로 영어의 경우 128개로 표현을 할 수 있지만, 우리 한글의 경우에는 영어와 달리 초성, 중성, 종성 등 11,172자로 이뤄져 있어서 2바이트로 한 글자를 담을 수 밖에 없다. 케이블 방송 프로그램을 기준으로 자막의 글자 제한 수는 한 줄에 공백을 포함해 32바이트, 즉 16자를 최대 허용치로 삼고 있다. 참고로 여기서 공백은 1바이트를 차지한다.

영상 번역 연습

아래 원고지 칸 안에 각 줄 대사를 띄어쓰기를 지켜 우리말로 번역하시오.

A: How careless of me! I just broke the glass. I am sorry.

B: Never mind, Junho. Don't worry about it.

A: I will buy you a new one this weekend.

B: Oh, no, really. You don't need to.

[번역]

4. 자막 번역 기법

Translation Technique of Audiovisual Translation

생각해 볼 문제

- 번역자막은 한 화면에 몇 줄까지 가능할까?
- 한 화면에 들어갈 수 있는 자막 줄 수에 제한이 있어야 할까?
- 자막 줄 수에 제한이 있어야 하는 이유가 뭘까?
- 한 화면에 적당한 자막 줄 수는 몇 개일까?

자막 번역은 일반 문서번역과 여러 가지 다른 점이 있다. 무엇보다 공간의 제약으로 인해 원문에 충실하게 정확히 번역한다는 이유로 그대로 번역하는 경우 해당 장면에 번역 결과물을 모두 다 포함시킬 수 없다. 그래서 절대적으로 글자 수의 제약이라는 한계를 극복해야 한다. 쉽게 말해, 원문의 내용을 어느 정도 줄여서 번역할 필요가 흔히 발생한다.

4-1. 영한자막 번역의 글자 수 제약

먼저 자막은 한 화면에 몇 줄까지 가능할까? 한 줄에 몇 단어를 삽입할 수 있을까? 이런 질문에 대해 아마도 "그게 무슨 상관이지?" 라고 생각할 수도 있고, 인터넷에서 불법 다운로드 해서 즐기는 소위 어둠의 경로에서 얻은 외국 영화에는 어김없이 자막이 포함되어 있다. 이런 자막은 영상 번역 전문가들이 번역한 것이 아니라, 자신들이 좋아서, 누가 시키지 않아도, 취미로 만들어진 자막 번역으로 "팬섭(fan subtitle)" 이라고 부른다. 이런 팬섭의 경우 글자 수 제약이라고는 찾아 볼 수 없다. 그래서 한 화면에 3줄, 심지어 5줄까지자막이 삽입되어 화면의 세세한 장면을 즐기는데 오히려 방해가 되기도 한다.

자막은 원래 영상물에 추가로 덧입혀지는 것이기 때문에, 화면의 일부를 잘 볼 수 없게 만드는 방해 요소로 여겨질 소지가 있다. 이런 문제를 최소화하기 위해 암묵적으로 통일된 규칙에 따라 번역이 이뤄져야 한다.

자막은 두 줄 이하 한 줄에 16자 이하

보통 자막 번역에서 자막은 두 줄까지만 허용된다. 그러니 내용이 많다고 두 줄을 넘겨 세 줄, 네 줄로 번역하면 안된다. 이는 엄격하게 지켜야 하는 규칙 중 하나이다. 그런데 영상물이 상영되는 환경 예를 들어, 극장이나 TV 또는 스마트 폰, 휴대용 영상기기 등에 맞춰 유동적인 것이 바로 한 줄에 들어가는 글자 수이다. 영화관에서 상영하는 영화와 케이블 TV에서 상영하는 영화를 위한 자막은 글자 수가 서로 다를 수 있다.

4-2. 한영 자막 번역의 글자 수 제약

우리말로 제작된 영상물에 대한 자막 번역은 우리나라 영상물이 해외로 수출되면서 많은 작업이 이뤄지고 있다. 물론 영한 자막 번역의 경우보다 빈도수는 적지만, 생각보다 한영 자막 번역에 대한 수요도 적지는 않다.

한영 자막 번역 결과물에 대한 규정이 우리나라에 명시적으로 존재하지 않기 때문에, 영어 자막에 화면 디스플레이 방법은 번역사 개인에게 맡겨져 영상물마다 차이가 있다. 이러한 문제를 해결하려면, 해외의 사례를 살펴보는 것이 가장 필요한데, 필자는 한영 자막 번역에 대한 규정으로 영국정부가 방송과 통신을 담당하는 단일규제기구로 출범시킨 오프컴(OFCOM)에서 자막 표준화 지침(Guidance on Standards for Subtitling)[10]을 따를 것을 추천한다.

OFCOM은 자막의 기본 디스플레이를 규정하기에 앞서 자막의 가독성(subtitle legibility)에 대한 다양한 연구 결과를 바탕으로 지침을 마련했다는 점에 이들의 지침에 대한 신뢰가 더해진다고 볼 수 있다. 다음은 OFCOM의 자막 기본 디스플레이 지침을 요약한 것이다.

1) 자막은 두 줄 이내로 대, 소문자 혼용

2) 각 줄당 글자 수는 32~34 characters

3) 자막 내 각 단어는 한 칸 띄어쓰기

4) 자막의 배경은 검정색

5) 자막의 화면 내 위치는 화자의 위치에 따라 좌, 우, 중앙정렬로 조정

6) 문장부호는 활자매체에 동일하게 사용가능

7) 화면에 제시되는 자막은 분당 140단어이내

10) 영국의 오프컴(OFCOM)에서 자막의 표준화를 위해 자막의 위치, 폰트 크기, 색상 등의 자막 관련 세세한 부분을 일목요연하게 정리해두었다. http://www.ofcom.org.uk/static/archive/itc/itc_publications/codes_guidance/standards_for_subtitling/subtitling_1.asp.html

이러한 OFCOM의 자막 관련 지침은 영어를 모국어로 하는 이들을 대상으로 한 것이며, 특히 자막은 청각 장애자에 대한 배려에서 출발했다는 점이, 우리가 말하는 번역 자막에 100% 해당한다고 볼 수는 없지만, 충분히 참고해서 한영 번역 자막에 적용해 볼만한 가치가 있다.

이 중에서 영한 자막 번역에서 와는 전혀 다른 점이 바로 6) 문장 부호에 대한 규정이다.

> One means of enhancing the effectiveness of punctuation is by the use of a single space before exclamation marks and question marks, after commas, colons, semi-colons and mid-subtitle full-stops, on both sides of dashes (but not mid-word hyphens), before opening brackets and inverted commas and after closing brackets and inverted commas.
>
> (OFCOM의 자막 기본 디스플레이 지침 중 문장부호에 대한 지침)

보통 우리나라에서는 자막 번역을 할 때 가장 주의해야 하는 점 중 하나가 문장 부호에 대한 점이다. "문장 부호는 가급적 자제해라"라는 것이 영한 번역에서는 흔하기 때문에, 실제 우리나라 케이블 방송에서 사용되는 자막을 보면 문장 부호는 거의 찾아볼 수 없다고 해도 과언이 아니다. OFCOM 지침에서 예시로 들고 있는 자막에 부호가 사용된 경우를 살펴보자.

예시 (a)

All we wanted was a quiet chat just you and me together.

예시 (b)

When I jumped on the bus...

예시 (c)

. . I saw the man who had taken the basket from the old lady.

위의 세 가지 예시에서 알 수 있듯이, (a)의 경우 문장 마지막에 마침표가 사용되었고, (b)의 경우 자막 문장이 다음으로 이어진다는 연결부호, (c)의 경우 연결 부호와 마침표가 사용되었다. 이는 우리나라에서 한글 자막의 경우와는 전혀 다른 모습이다. BBC의 Online Subtitling Guide의 경우에도 문장 부호 특히 full stop 부호에 대해 특별히 사용하지 말라는 규정이 없다. 다만, 영국의 방송사인 Channel 4의 경우에는 명시적으로 “No full stops or commas at the end of a subtitle." 이라고 규정하고 있다. 과연 문장 마지막에 마침표를 쓰는 것이 금물이라는 암묵적 지침을 유지해야 하는지 등 전반적으로 우리나라 방송물의 자막에 대한 전반적인 연구가 요구되는 대목이 아닐 수 없다.

영상 번역 연습

아래 원고지 칸 안에 각 줄 대사를 띄어쓰기를 지켜 우리말로 번역하시오.

A: Wow, James. Unbelievable to see you here.

B: Holy shit. You motherfucker. It's been a fucking long time.

A: What a small world, isn't it?

B: Yeah, fucking nice to see you again, man.

[번역]

5. 영상자막 번역 요령

Movie Subtitle Translation Skills

생각해 볼 문제

- 번역 자막은 한 화면에 몇 줄까지 가능할까?
- 한 줄에 몇 글자까지 가능한가?
- 두 사람 이상의 대화는 자막으로 어떻게 구분할까?
- 자막 한 줄을 읽는데 걸리는 시간은 몇 초일까?

본 장에서는 영상자막 번역의 기본적인 요령을 소개한다. 일반 문서번역과 달리, 자막 번역은 무엇이 다른지 2장에서 소개한 내용을 먼저 잘 숙지한 후 자막 번역을 해야 한다. 본 장에서 소개하는 요령은 번역의 내용적인 측면이 아니라, 자막을 가장 효과적으로 제작하는 방법에 관한 것이다.

5-1. 자막 번역 요령

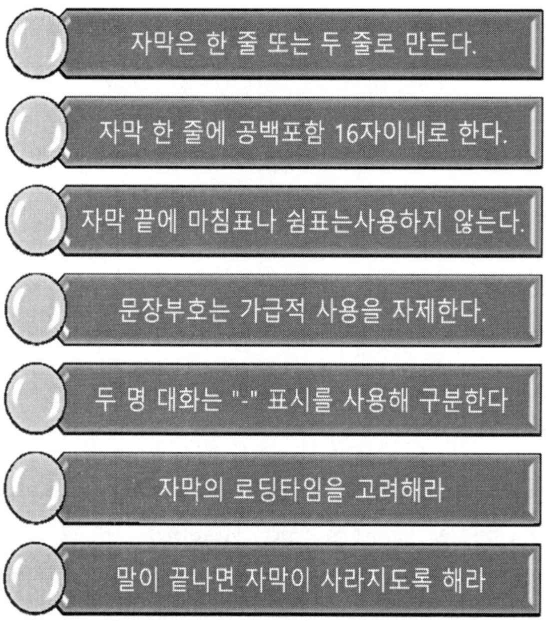

[그림 1] 번역자막 만드는 기본 요령

요령 1. 자막은 한 줄 또는 두 줄로 만든다.

자막은 번역 할 내용의 양에 따라 한 줄에서 두 줄까지로 제한해야 한다. 왜 그래야 할까? 앞서 설명한 바와 같이 자막이 더빙에 비해 영상물 원본에 상대적으로 덜 변화를 주기는 하지만, 자막이 들어가는 공간으로 인해 화면의 일부가 가려진다는 단점을 극복해야 하기 때문이다. 이런 어쩔 수 없는 단점을 극복하는 방법이 자막의 줄 수를 두 줄 이내로 하는 것이다.

개인적인 취미나 동아리 활동으로 자막을 만드는 팬섭(fan subtitles)의 경우에는 이러한 원칙이 지켜지지 않는 경우가 많아, 인터넷에서 구할 수 있는 외화 자막 번역은 세 줄, 네 줄 심지어 다섯 줄까지 사용되기도 한다. 이는 절대 바람직하지 않다. 아무리 대사가 길더라도 두 줄 이내로 줄이는 노력과 습관이 필요하다.

요령 2. 자막 한 줄에 공백포함 16자 이내로 한다.

케이블 방송 프로그램의 경우에 일반적으로 띄어쓰기 즉 공백을 포함해서 자막 한 줄에 최대 16자까지 허용하고 있다. 극장용 영화의 경우에는 이보다 짧아, 더 내용을 압축하면서도 전달할 수 있는 능력이 요구된다고 볼 수 있다. 왜 16자만 가능한가?에 대해서는 요령 6을 참고하면 더 타당한 이유를 알 수 있다. 한 줄에 16자, 두 줄이면 32자까지 가능하다. 우리 한글은 띄어쓰기에 유의해서 번역해야 하기 때문에 임의로 띄어쓰기를 하지 않거나, 잘못 알고 하는 경우도 지양해야 한다. 다음 예를 보면서 이 요령에 대해 생각해 보자.

가) 한 줄 자막

아래 원문은 직장 동료끼리 나누는 대화라는 맥락으로 번역해 보자.

> **원문 1)** I can't go to the birthday party today.
> **번역 1) 저는 오늘 생일 파티에 갈 수 없어요 (20자)**

번역 1은 원문 대사를 아주 충실하게 번역한 것으로, 잘 번역된 것으로 간주할 수 있다. 그러나 영상자막 번역이라는 관점에서 보자면 한 줄에 16자가 넘어가면 안되기 때문에, 20자는 너무 길다. 두 줄까지 가능하니까, 20자를 두 줄로 만들면 되지 않는가 하는 질문을 할 수도 있으나, 즉 압축과 생략이라는 점을 고려해 볼 때, 한 줄로 줄일 수 있다면 줄이는 것이 필요하다.

**자막 번역의
기본 중의 기본은
글의 경제성**

이런 점을 고려해 번역 1을 경제적으로 줄이면 아래와 같이 할 수 있다.

번역 2) 오늘 생일파티에 갈 수 없어요 (16자)
번역 3) 오늘 생일 파티에 못 갑니다 (15자)
번역 4) 오늘 생일파티에 못 가요 (13자)

번역 2, 3, 4 모두 "자막 한 줄 16자 이내"라는 원칙을 지켰기 때문에 무난히 자막으로 처리할 수 있다. 이 중에서 하나를 고른다면 번역 4가 의미도 그대로 전달하면서 글의 길이도 짧기 때문에 가장 적합하다고 볼 수 있다. 자막 번역은 경제적인 관점으로 해야 한다는 점을 명심해야 한다.

나) 두 줄 자막

자막은 두 줄까지 허용된다는 원칙을 잘 활용하면 시청자들이 영상물을 보며 자막을 읽을 때 보다 집중해서 내용을 파악하는데 도움이 될 수 있다. 요즘 컴퓨터 및 동영상을 시청할 수 있는 기기들의 가로 폭이 점점 넓어져 자막이 들어갈 공간이 많다고 착각할 수 있는데, 사실 우리 인간의눈이 화면의 왼쪽 끝에서 오른쪽 끝으로 영상물을 보는 동안 내내 움직이며 자막을 읽는다면, 생각보다 굉장히 피로도 쌓이고, 자막을 읽느라, 화면에 나타난 다른 부분들은 제대로 파악하지 못하는 문제가 생길 수도 있다. 아래 예를 통해 두 줄 자막 만드는 경우를 살펴보자. 아래 원문은 주인공이 어린 시절을 회상하면서 친구와 나누는 대사 중 일부이다.

원문 1) My mom refused me to play Susan next door.
번역 1) 우리 엄마는 옆집에 사는 수잔이랑 놀지 못하게 했다

번역 1)은 무난한 번역으로 보이지만, 영상 자막 번역에서는 이렇게 길게 번역하는 것 보다는 좀 더 줄이는 방법을 생각해 봐야 한다. 무엇보다 띄어쓰기를 포함해 28자이다. 어떻게 줄일 수 있을까?

번역 2) 우리 엄마는 옆집 수잔이랑 놀지 못하게 했다(24자)
번역 3) 엄마는 옆집에 사는 수잔이랑 못 놀게 했다 (23자)
번역 4) 엄마 때문에 옆집 수잔이랑 못 놀았다(20자)
번역 5) 엄마는 옆집 수잔이랑 못 놀게 했다 (19자)

위의 예처럼 조금만 생각해 보면 얼마든지 번역자막의 길이를 조정할 수 있다. 물론 내용 흐름에 방해나 곡해가 되지 않는 범위에서 이런 노력이 이뤄져야 한다.

위 번역 1) ~ 5)까지 모두 자막으로 사용할 수 있지만, 16자가 넘어가기 때문에 두 줄 자막으로 처리해야 한다.

자막을 두 줄로 처리하려면, 어디서 분리를 해야 하는 가를 결정해야 한다. 이렇게 자막을 나누는 절대적인 기준이 있는 것은 아니다. 자막 분리의 보편적인 원칙을 제시한다면, 첫째, 의미 단위 (semantic unit)를 기준으로 하면 좋다. 이런 의미 단위는 본능적인 것이라고 봐

도 무방할 정도로, 모국어 구사자라면 누구나 어느 정도 판단할 수 있다.

다음 예들을 보고, 가장 자연스러운 두 줄 자막은 무엇인지 생각해 보자.

(가)

엄마 때문에 옆집 수잔이랑 못 놀았다

(나)

엄마 때문에 옆집 수잔이랑 못 놀았다

(다)

엄마 때문에 옆집 수잔이랑 못 놀았다

위의 (가), (나), (다)중에서 (나)의 경우 의미를 기준으로 볼 때, "옆집 수잔이랑" 이라는 부분은 한 덩어리로 보는 것이 바람직하다.

자막분리는 의미 단위를 기준으로 삼아야

이런 의미 단위를 분리한 (나)는 적절한 자막 분리로 보기 어렵다. (가)와 (다)의 경우에는, 적절한 분리가 이뤄진 것으로 볼 수 있는데, 둘 중 하나를 고른다면 (가)가 의미 단위를 기준으로 볼 때 잘 분리된 것으로 볼 수 있다. 이유는 (가)의 경우 "엄마 때문에"라는 이유, 원인을 하나로 보고, "옆집 수잔이랑 못놀았다"라는 결과 부분을 또 하나의 단위로 본 것이라 자연스럽기 때문이다.

둘째, 자막을 두 줄로 분리할 때, 두 줄의 길이를 같은 길이를 맞추도록 한다. 사실 이 원칙은 적용하기가 쉽지 않은 경우가 많다. 왜 자막의 두 줄 길이를 서로 맞추는 것이 좋은가? 답은 바로 우리 인간의 시각 정보 인지과정에 있다. 복잡하게 생각할 것 없이 우리의 눈이 덜 움직이면서 같은 내용을 파악하도록 하자는 것이다. 영국의 지상파 방송 중 하나인 채널 4(Channel 4)의 자막 지침[11)]을 보면, 두 줄의 길이를 비슷하게 하라고 명시하고 있다.

---

11) 영국의 채널4방송자막 지침은 다음 웹 주소에서 확인 할 수 있다. http://www.channel4.com/media/documents/corporate/foi-docs/SG_FLP. pdf

> "Maximum two lines of text per subtitle. Where two lines are used, both should be of roughly equal length with the top line the longer."

"roughly equal"이라는 원칙으로, 앞서 제시한 두 줄 자막 중에서 (가)와 (나)를 비교해보자. 어떤 것이 더 읽고 이해하기에 편한가? 개인적으로 편차가 있을 수도 있으나, 실제 우리 눈이 덜 움직이면서 정보를 처리한다는 측면에서 보자면, (가)보다는 (나)가 좀 더 안정적으로 보인다. (가)도 자연스럽다고 볼 수 있지만, 영화 한 편을 보는데 (가)처럼 모든 두 줄 자막을 봐야 한다면, 눈의 피로도가 높아질 수도 있다. 따라서, 가능한 경우라면 두 줄로 만들 때는 자막의 길이가 어느 정도 일치하게 만드는 노력을 할 필요가 있다.

요령 3. 자막 끝에 마침표나 쉼표를 사용하지 않는다.

자막에서는 일반 문서번역과 달리, 글의 끝을 알리는 마침표(.)나 쉼표(,)를 사용하지 않는다. 먼저 마침표는 해당 글의 내용이 끝난다는 신호이다. 그리고 이러한 마침표는 글로 표현할 때 꼭 필요하다. 그렇다면, 영상 번역은 글인가 말인가? 이런 맥락에서 마침표나 쉼표를 사용하지 않는 이유는 말을 번역하는 것이기에 당연히 필요 없기 때문이다. 둘째, 굳이 마침표나 쉼표를 사용하지 않아도, 글이 끝나거나 다음으로 연결된다는 것을 알 수 있기 때문이다. 셋째, 자막은 글자 수 제약이 있기 때문에, 어떻게 해서든 한 글자라도 줄여야 한다. 그런데 매 번 자막 마지막에 마침표나 쉼표를 적는다면 불필요한 공간을 차지하기 때문에 방해가 될 뿐이다. 마지막으로 넷째 이유는 시각적으로 보기에 그리 좋아 보이지 않기 때문이다. 아래 (가)와 (나)를 비교해보자.

(가)

참 힘든 시간이었어.

(나)

참 힘든 시간이었어

물론, 마침표가 있든 아니든 별 상관 없는데 라고 생각할 수도 있지만, 모든 자막에 마침표나 쉼표가 찍혀 있는 상태로 영화 한 편을 본다면 그리 편하지 않을 것이다.

요령 4. 문장부호는 가급적 사용을 자제한다.

문장 부호 사용을 자제한다는 이유는 앞서 요령 3에서 설명한 부분과 크게 다르지 않다. 우리가 입으로 전달하는 말을 번역하기 때문에 굳이 문장부호를 쓸 필요가 없기 때문이다. 다만 문자로 말을 전달하다 보니 뉘앙스까지 전달하는데 한계가 있기에 문장부호 대표적으로 느낌표 (!), 물음표 (?) 등이 필요한 경우가 있다.

요즘에는 온라인으로 서로 소통하는 일이 많고 당연하게 여겨지고 있어, 손 글씨는 아니지만 문자를 많이 사용한다. 이렇게 문자를 사용해 메시지를 전달하는데 감정 표현에 한계가 있기 때문에 소위 이모티콘(emoticon)이나 감정 표현이 들어간 애니메이션 캐릭터로 희로애락을 표현한다. 스마트폰을 사용해 문자를 보낼 때 쉽게 사용할 수 있는 이러한 이모티콘이나 기타 이미지가 쉽게 접할 수 있지만, 개인 컴퓨터를 사용해 이메일이나 채팅을 하는 경우에는 이런 감정 표현 등이 어려워, 각종 문장 부호를 다양하게 사용했다. 아래 문자 이모티콘을 보고 어떤 감정인지 생각해 보자.

;-) ;-(

설명할 필요도 없이 하나는 웃는 모습 즉 즐겁고 행복하다는 느낌을 주고, 또 하나는 짜증, 화, 열 받음 등을 의미하는 것을 알 수 있다. 이러한 이모티콘이나 이미지를 자막에는 절대 사용하지 않는다. 그래서 가끔 팬섭의 경우에는 자막에 물음표나 느낌표가 두 개 이상 연달아 등장하는 경우도 있다. 이렇게 말이다.

(가)

못 들었어????? 열지 말란 말이야!!!!!!!!

세상이 변하면서 언어도 변하고 분명 SNS를 통한 소통도 언어 사용의 한 예이기 때문에 일정한 트렌드가 있기는 하겠지만, (가)의 경우처럼 자막에 문장부호가 연달아 나오는 일은 결코 바람직하지 않다. 왜? 자막의 경제성 즉 공간의 제약을 늘 염두에 둬야 하기 때문이다.

그런데, 문장부호 중에서 겹쳐서 사용하는 경우가 있다. 아래 (나)를 보자. 아래 (나)의 자막대사는 왜 전화하지 않았냐는 친구의 물음에 당황해 하며 궁색한 변명을 늘어놓을 수 밖에 없는 상황이다.

(나)

그게 말이야… 배터리가 나가서

(나)에서 글 줄임표에 해당하는 … 를 사용하면 당황, 머뭇거림 등을 문장부호로 효과적으로 전달할 수 있어서 사용하는 경우가 있다. 또 다른 경우는, 말이 끊어지지 않고 다음으로 이어진다는 느낌을 주고자 할 때 사용하기도 한다. 하지만 이런 경우에 문장부호를 사용하는 것이 적절한 지에 대해 전문가들도 의견이 갈리기 때문에, 적절하게 판단하거나 또는 영상자막 번역을 의뢰한 고객의 취향이나 방침에 따라 결정하면 된다.

요령 5. 두 명 대화는 dash (–) 표시를 사용해 구분한다

한 화면에서 두 사람이 대화를 나눌 때, 두 사람의 말을 한꺼번에 한 화면의 자막에 두 줄로 처리해야 하는 경우가 있다. 이런 경우, 두 사람의 말을 구분 짓지 않으면 한 사람의 말인지 두 사람의 말인지를 분간할 수 가 없다. 그래서 구분 짓는 무언가가 필요하다. 영상자막에서는 일반적으로 이런 경우에 문장부호 dash(–)를 사용해서 각 사람의 말을 구분 짓는다.

(가)

아침을 늦게 먹었더니
뭐 드실래요?

(나)

– 아침을 늦게 먹었더니
– 뭐 드실래요?

(가)와 (나)는 한 사람이 아니면 두 사람이 한 말인지에 따라 전혀 내용이 달라져 버린다. 그래서 이렇게 두 사람의 대화를 한 화면에 자막으로 처리할 때는 dash를 사용하고, 한 칸 띄어쓰기를 한 후 내용을 처리하면 된다.

요령 6. 자막의 로딩타임을 고려한다.

자막은 읽고 내용을 이해할 수 있도록 로딩 타임이 충분해야 한다. 앞서 유럽의 1980년대 연구를 근거로 한 6초 규칙(six-second rule)을 설명했듯이 자막을 읽고 이해할 수 있는 시간을 고려해야 한다. 자막을 만드는 번역사가 원래 대사가 많아서 자막을 있는 그대로 만들어 로딩 시킨다면, 자막 소비자인 시청자 입장에서는 상당히 부담스럽고 즐겁기는 커녕 오히려 짜증만 날 것이다. 의미 전달에 필요한 만큼 제한된 공간 내에서 자막을 만들어 로딩하는 것은 작은 방에 살림살이를 배치하는 것 같은 고민과 노력이 필요한 작업이다.

대사가 많은 영화이든, 아니든 간에, 자막이 공백 포함 16자 두 줄로 가득찬 자막이 연이어 나온다면, 자막을 읽느라 화면의 여러가지 요소를 놓칠 수 밖에 없다.

> The more subtitles there are, the slower the reader, or the more difficult or unfamiliar the subject matter, the less time there is for the viewer to focus on the other parts of the screen. (Ofom).

모든 자막을 일정 시간 동안 머무르게 하는 것은 아니지만, 자막이 길고 내용이 많으면, 자막을 읽고 이해하는데 시간이 더 걸릴 수 밖에 없다. 내용 파악을 위해 화면에 놓쳐서는 안 되는 장면이 있다면 더군다나 자막을 읽는데 시간이 더 걸릴 수 밖에 없다.

내용이 많으면, 자막이 떠 있는 시간을 충분하게 고려하는 것이 필요하다. 과연 16자로 된 한 줄 자막을 읽고 이해하는데 얼마나 시간이 걸릴까? 사실 이에 대한 과학적인 답변을 하기란 쉽지 않다. 교육수준에 따라, 독서습관에 따라, 읽는 속도가 다르고, 자막을 이용한 방송, 영화 등을 이용한 익숙함 정도에 따라 자막을 읽어 내는 속도가 다를 수 밖에 없기 때문이다.

우리나라 사람들의 평균 한글 읽기 속도는 분당 (words per minute/WPM) 150~200단어라고 한다. 영어의 경우도 크게 다르지 않다. 한 연구에 따르면, 자막을 160wpm과 180wpm으로 노출했을 때 실험 참가자들이 그 차이를 구분하지 못했다고 한다. 하지만, 180wpm으로 했을 때는 대부분이 "너무 빠르다"라고 평가했다. 그렇다면, 우리가 자막을 읽고 이해할 때 150~200wpm이라는 것은 어떻게 받아들여야 하는가? 실제 자막을 읽고 이해할 때 우리가 wpm으로 계산하고 느끼지 못한다. 더군다나 자막을 제작할 때 wpm으로 하지도 않기 때문에, 별 의미가 없다. 그리고 글을 읽는 속도는 말 그대로 오로지 글만 읽는 속도를 의미하지만 영상에서 자막을 읽는다는 것은 자막과 화면의 여러 정보를 함께 파악하는 일이므로, 속도 측면에서 일반적인 reading speed per minute으로 말한다면, 더 빠를 수 없을 것이다. 그래서 보편적인 제안을 한다면 다음과 같다. 요즘은 자막을 읽고 방송, 영화프로그램을 보는데 많이 익숙해져 가고 있어, 자막 읽는 속도가 빠르다는 점을 감안해, 16자 한 줄 자막을 기준으로 2초 정도를 고려하면 충분하다. 만일 32자 두 줄 자막이라면 총 4초를 로딩타임으로 잡아야 한다.

요령 7. 자막의 싱크를 정확히 맞춘다.

화면에 자막이 언제 로딩 되느냐는 프로그램의 내용을 이해하는데 중요한 문제다. 가령 영어로 된 영화를 한글로 자막을 다는데, 시청자가 영어를 모르니 자막이 언제 로딩되어도 별 문제되지 않을 거라는 생각을 한다면 그건 오산이다. 요즘 방송 프로그램에서는 우리말 방송에 우리말 자막이 등장하는 뉴스 프로그램이 있는데, 이러한 동일언어 자막 (same language subtitle)의 경우라면, 자막의 로딩 타이밍은 정말 중요하다. 가장 자주 언급되는 자막의 문제가 오디오보다 자막이 늦게 뜨는 것이다(Armstrong, et. al, 2015). 자막이 화면 속의 인물의 말 보다 늦게 뜨면 시청자는 심리적으로 불편함을 느끼지 않을 수 없다.

물론, 영어로 된 영화를 한글로 자막을 달 때, 조금 늦게 자막이 나타나면 오히려 영어 공부하는데 도움이 되지 않을까 하는 생각도 들 수 있고, 긍정적인 면을 찾아 볼 수 있지만, 번역 자막을 작업할 때는 소리와 자막이 동일한 시간에 등장하도록 싱크를 잘 맞춰야 한다. 이렇게 싱크를 맞추는 것은 자막 소프트웨어를 이용해서 간단하게 작업할 수 있고, 시청자는 동영상 재생 프로그램을 이용해서 자막의 로딩 타이밍을 조절할 수도 있다.

요령 8. 말이 끝나면 자막을 사라지도록 해라.

자막을 제작할 때 싱크만 맞추다 보면, 말이 끝났는데도 자막이 그대로 남아 있는 웃지 못할 일이 생기기도 한다. 화면 속 인물의 말이 끝나면, 자막도 거기에 맞춰 사라지도록 해야 한다. 자막이 사라지는 시점도 싱크를 맞춰야 한다는 얘기이다. 자막이 사라지는 싱크를 맞추는 작업도 자막 제작 소프트웨어를 사용해 해결하면 된다.

5-2. 한글 맞춤법

스펠링 비(spelling bee)를 들어본 적이 있는가? 미국 영화, 드라마 등을 보면 가끔 초등학생부터 고등학생 정도로 보이는 참가자들이 주어진 영어단어의 철자를 맞추는 대회가 등장한다. 발음해주는 단어의 철자를 또박또박 맞추는 대회이다. 이런 미국에서나 있을 법한 대회를 영어 공부에 대한 열기 덕분에 우리나라에서도 미국의 각 주처럼 일종의 지역 예선을 거칠 수 있게 되면서 개최되고 있다. 필자는 한국의 스펠링 비 심사위원으로 3년간 활동한 적이 있어, 바로 눈앞에서 철자를 맞추는 대회를 생생하게 관찰했다. 대회를 심사하면서 "우리나라는 이런 대회가 왜 없을까?" "그러고 보면 영어는 발음과 철자가 맞아 떨어지지 않는 어이없는 언어군……" "한글은 과학적이고 우수한 언어니까, 맞춤법은 걱정 할 필요가 없었던 거였네"라며 우리 한글에 대한 우수성을 떠올리기도 했다. 영어 언어의 철자와 발음의 불일치 등의 현상 때문에 생긴 웃픈 얘기가 있어 소개한다[12]. 영국에서 초등학교에 다니던 한 학생이 글을 적어 선생님께 제출했는데, 선생님이 그 글을 읽고 너무 놀라고 겁을 먹고는 경찰에 신고

12) 연합뉴스 (2016년 1월 20일)에서웹 페이지에서 읽은 글:http://www.yonhapnews.co.kr/bulletin/2016/01/20/0200000000AKR20160120174900009.HTML

했다. 이유인즉슨, 학생이 "I live in terrorist house."라고 적은 내용 때문이었다. 원래 학생은 "terraced house"라고 말하고 싶은 거였는데 워낙 신문에 방송에 자주 등장하는 terrorist 단어를 자주봤기 때문이었는지 몰라도 그러고 보면 두 단어가 서로 발음도 비슷하기는 하다.

한국 사람이 모국어인 한글의 발음을 듣고 받아쓰기 하듯 "닭고기"라고 하면 "ㄷ, ㅏ, ㄹ, ㄱ, ㄱ, ㅗ, ㄱ, ㅣ"라고 설명을 늘어놓는 것은 유치원이나 초등학교에서 있을 법한 일이라고 생각할 수 있지만, 사실 이메일, 채팅, 카카오 톡(Kakao Talk), 트위터(twitter), 페이스북(facebook) 등으로 진화하고 있는 동안 우리의 한글 맞춤법 실력도 민낯을 드러내고 있었다. 다음 글은 인터넷에 떠도는 내용 중 일부를 발췌한 것이다.

> 모든게 숲으로 돌아갔다.........
> 내 첫사랑. ....안녕..................
> 문안한 권색 난방이 잘 어울리던 그애...........
> pink, white, black, vora 중에 vora색을 제일 좋아한다고 했던가. .
> 4 월의 화사한 벅꽃같은 임옥굽이의 그애만 생각하면 항상 왜간장이 탔다. ....얼굴이 항상 빨개지고. ....사소한 오예때문에 헤어지게 된 그애........ 그애는 김에김씨였다. 워낙에 습기가 없어서 부끄럼도 많이 탔지...
> .... 혼자인게 낳다며, 사람 많고 분비는 곳을 싫어하던 너...
> 영맛살이 있어서 항상 돌아다니느라 대화도 많이 못해봤지만 폐기와 열정이 가득한 쾌활한 성격에 나도 모르게 족음씩족음씩 빠져들어가고 있었지. .

위에 소개한 글은 요즘 젊은이들이 자주 틀리는 맞춤법을 모아서 쓴 글이라고 한다. 정말 소리 나는 대로 써서 손봐야 할 곳이 많아 보이는 글이다.

원래 우리나라 한글 맞춤법의 제1장 제1항에 따르면 “표준어를 소리대로 적되, 어법에 맞도록 함을 원칙으로 한다.”[13] 이는 대원칙이고, 자음과 모음의 결합 형식에 의하여 표준어를 소리대로 표기하는 것이다. 그러다 보니, 소리대로 적는다는 원칙만을 적용하기 어려운 경우가 발생하고, 그래서 위와 같은 실수투성이 글을 쓰는 결과를 초래한다. 아마도 위 글은 웃음을 주려고 일부러 이렇게 쓰지 않았나 싶은데 그렇다면 여러분들 자신의 한글 맞춤법 실력은 어떠한가? 자신 있다고 말하기 어려울 것이다. 아래 대화를 보면서 어디가 틀렸는지 찾아보면서 자신의 맞춤법 실력을 확인해보자.[14]

A: 걸작이라 불리울만하네요
와! 담배 피는 것도 멋지고
B: 그럼요, 이 작품이 훨씬 낳죠?
A: 일일히 살펴보지 않아도 되겠어요
시간도 별로 없거든요
B: 잘 결정하셨어요
A: 오랫만에 오니 좋네요
A: 커피 한 잔 드릴까요?
B: 네, 감사합니다
A: 제가 장사를 한 동안 않했는데
오늘은 운이 좋네요
B: 저도 웬지 오고 싶더라구요
A: 어머나 어떻하죠?

13) 한글 맞춤법(문화체육관광부 고시 제 2014-0039호) 참고
14) 이 대화를 교정한 정답은 본 장 마지막 페이지에서 확인할 수 있다.

커피 원두가 떨어졌네요
B : 믹스커피 있으면 주세요
A : 그래도 돼나요?
원두 사는 걸 잃었어요
B : 참 희안하죠?
저도 나이 먹으니 건망증이 생겨요
A : 오늘이 몇일인지도 모르고
도대체 왜 이러는지 몰라요
B : 그래도 지난 번에 잊지않고
부탁한 데로 해주셨잖아요?

조금은 인위적으로 구성한 대화 내용이라 어색한 부분이 있지만, 왜 우리가 영상 번역을 얘기하면서 이렇게 한글 맞춤법까지 신경 써야 하는가? 번역은 혼자만의 일기가 아니라, 공공성을 띤 대중을 위한 하나의 작품이기 때문이다. 작품에 맞춤법이 틀린 부분이 있다면 모든 것을 떠나 신뢰성이 떨어질 수 밖에 없다. 맞춤법을 잘 하는 방법은 좋은 글을 많이 읽고, 좋은 표현, 바른 표현을 별도로 자기것으로 만드는 과정이 필요하다. 필자도 여전히 번역을 하거나 본 책을 쓰면서도 틈틈이 맞춤법과 띄어쓰기를 찾아보고 고쳐 쓰고 있다. 번역을 하면 외국어보다 우리 한글에 대한 관심과 애착이 더 갈 수 밖에 없는 이유이기도 하다. 아래 소개하는 [그림 2]의 검사기를 번역을 하면서 활용하는 것도 좋은 습관이 될 것이다. 참고로 1984년에 국어 발전을 위해 설립된 국립국어원(www. korean. go. kr) 웹 페이지에는 정말 다양하고 좋은 우리 한글에 대한 정보가 가득하다. 한글에 대한 고민이 있다면 언제든지 달려가 질문하면 답변도 해준다. 또한, 국립국어원에서 무료로 배포하고 있는 "표준국어대사전"을 자신의 컴퓨터에 내려 받아 설치해 사용하면 번역에 큰 도움이 된다.

5-3. 표준어 사용하기

언어는 의사소통의 매개 수단에 따라 음성언어와 문자언어로 구분한다(이혜영, 2006). 문자라는 기호를 사용하면 구어가 아닌 문어라고 흔히 칭하게 된다. 그렇다면 우리가 영상자막 번역에서 다루는 언어는 구어인가? 문어인가? 컴퓨터를 통한 의사소통(Computer-mediated Communication)은 언어교육에서 흔히 CMC라는 약어로 자주 사용되며 다양한 연구의 소재가 되어 왔다. CMC 연구역시 채팅, 이메일, 게시판 등에서 사용되는 기호를 사용한 언어를 대상으로 한다. 여러분들이 이메일이나 채팅을 할 때 언어라는 기호를 사용하지만, 모드(mode)가 문자일 뿐 실제 사용되는 언어는 구어라고 보아야 한다. 마찬가지로 영상 번역에서 자막에 등장하는 언어는 문어 보다는 구어에 가깝다고 봐야 할 것이다. 물론 영상물의 성격이 학문적이고 전문성이 담긴 내용이라면 문어체도 등장할 수 있지만, 잘 생각해 보면 소리 위주로 메시지를 전달하는 영상물의 특징을 생각해 보면 구어라는 것을 확인할 수 있다.

그렇다면, 이러한 구어는 어떤 특징을 갖는가? 어릴 때부터 배우며 일상적으로 사용하는 구어는 단순한 형태적, 통사적 구조를 사용한다. 다시 말해 문장의 길이가 문어체에 비해 짧다. 이런 측면은 우리가 자막이 선호하는 언어 형태라는 점에 부합한다. 여러 가지 문어체와 다른 점이 있겠지만, 그 중에서 음운적 측면을 살펴보자. 평상시 발음하는 습관에 따라 음성적 변이가 많이 생길 수 있고, 그러한 잘

못된 형태가 자막으로 등장해 문제 또는 혼란을 일으킬 수 있기 때문이다. 다음은 이혜영(2009)의 우리말 구어의 음운적 특징에 대한 설명중 일부이다.

- '그것은→그건' 처럼 음운의 축약과 탈락이 많이 일어난다.
- 강조하고 싶은 말을 강조하여 발음할 수 있고, 발화 속도도 조절된다.
- 표준적이지는 않으나 된소리로 발음되는 현실음이 많다.
- 의→으/에, 예→이' 처럼 발음되는 표준음 또는 현실음이 많다.
- 표준적이지는 않으나 '고→구' 처럼 발음되는 경향이 있다.
- '막아→마거' 처럼 발음되는 현실음이 많다.
- '네가' 대신 '니가' 가 사용되기도 한다.
- 문말 억양을 통해 서술, 의문, 명령, 청유의 뜻을 나타낸다.

위에 열거한 특징 중에서 우리가 모국어로 사용하면서도 자주 틀리는 것이 조사, 어미, 그리고 대명사와 관련된 것들이다.

첫째, 어미의 경우 "-로서" 와 "로써" 를 생각해 보자. 다음 예문을 살펴보자.

가) 그는 번역가로서/써 우리말에 대한 관심이 아주 지대하다.
나) 국민 중 한 사람으로서/써 이번 한일전에 관심을 가지지 않을 수 없다.

어떤 것이 올바른가? "-로서" 는 지위, 신분, 자격을 나타낸다. 반면에 "-로써" 는 수단 또는 물건의 재료, 원료 등을 나타낸다. 그렇다면 가)의 경우에는 번역사라는 자격, 신분을 나타내므로 "번역가로서"가 맞는 것이고, 나)의 경우에도 국민이라는 신분으로의 의미이므로 "국민 중 한 사람으로서"가 올바른 표현이 된다. 이렇게 극명한 차이가 존재하지만 우리가 일상생활에서 구어로 사용하는 우리말에서 잘못 사용하다 보니 자막에 "-로서"를 "-로써"로 "-로써"를 "-로서"로 반대로 표기하는 경우가 많다.

둘째, 어미를 살펴보자. 민현식(2007)[15]은 구어적 통용과 문어적 오용이라는 글에서 어미와 관련해 19가지 비규범형 구어 즉 혼동 오류를 지적했다. 이 중에서 세 가지만 살펴보자. 다음 예문을 읽고 무엇이 잘못되었는지 판단해 보자.

가) 말하는 걸로 봐서 어린애 같애.
나) 피곤하길래 어제는 일찍 잤어.
다) 꼭 그렇게 말하더라구?

우리가 구어로 대화를 나눌 때 위에 있는 어떤 것도 전혀 발음적으로 문제되지 않는다고 볼 수 있다. 그러나 자막이라는 문자로 표기할 때는 상황이 달라진다. 이 것이 표준어에 해당하는지 그리고 규범에 어긋나지 않는지 등을 따져보아야 하기 때문이다. 가)의 경우 "~같아", 나)는 "피곤하기에", 또는 "피곤해서" 다)는 "~말하더라고"로 수정해야 한다.

15) 2007년 미국에서 열린 미국 한국어교사 연합(American Association of Teahers of Korean/ AATK)의 제 12회 연례 학술대회 발표자료 참고: http://www.aatk.org/www/html/conference2007/pdf/Hyunsik%20Min. pdf

셋째, 대명사를 살펴보자. 우리가 자막으로 표기할 때 가장 자주 틀린다고 볼 수 있는 것이 대명사들이다. 예문으로 판단해 보자.

가) 니가가라, 하와이.
나) 이거 안 해도 된다.
다) 저건 얼마죠?
라) 그건 뭐예요?

위에 적은 모든 예문 속의 대명사 "니" "이거" "저건" "그건"은 우리말에 규범에 어긋난다. 물론 구어적으로 볼 때 전혀 문제되지 않는다. 실제 우리가 대화를 나눌 때 이렇게 발음하고 사용하기 때문이다. 그러나 자막에서는 각각 다음과 같이 수정해서 사용해야 한다. "네가" "이것~" "저것~" "그것~"이 올바른 표현이다.

마지막으로 형태적으로 혼동이 많이 되는경우를 보고 틀린 부분이 있으면 직접 고쳐보자.

가) 술안주할려구
나) 기대만큼 될런지
다) 손에 쥐면 터질쎄라
라) 날씨가 왜 이리 추울고?
마) "예, 아니오"라고 답해
바) 이것은 책이 아니요.
사) 이것은 책이요, 그것은 연필이요

5-4. 띄어쓰기 검사하는 방법

우리 한글 띄어쓰기는 생각보다 쉽지 않고, 정확하게 할 자신이 없다면 아래 온라인 프로그램을 이용해 확인한 후 자막작업을 하는 것이 좋다. 아래 프로그램[16]은, 인터넷에서 검색해서 다운로드 할 필요 없이 온라인 상태라면 간편하게 사용할 수 있다.

[그림 2] 한국어 맞춤법/문법 검사기 캡쳐화면

---

16) 한국어 맞춤법/문법 검사기는 부산대학교 인공지능연구실과 (주)나라인포테크가 만든 프로그램으로, 이 검사기는 개인이나 학생만 무료로 사용할 수 있다. http://speller.cs.pusan.ac.kr/

위 검사기에 “내가 어릴 때 엄마는 옆 집에 사는 수잔이랑 놀지 못하게 했다.”라는 예문을 검사해 본 결과를 살펴보자. 화면의 오른쪽에 검사한 결과 수정해야 할 것이 있으면 표시가 되는데, 아래 예시에는 “옆 집”은 “합성어로 보기 때문에 붙여 쓴다”라고 설명하고 있다.

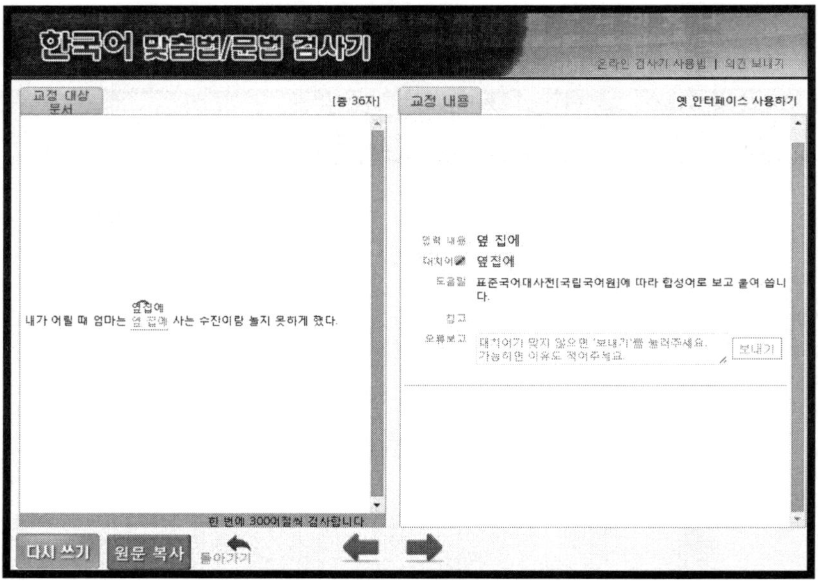

[그림 3] 맞춤법 검사 결과 화면

번역 자막을 제작할 때 제한된 공간을 활용하기 위해 띄어쓰기를 마음대로 해서는 안된다. 띄어쓰기에 자신이 없다면, 위에 소개한 검사기를 사용하거나, 서점에서 띄어쓰기 사전을 구입해서 필요할 때마다 찾아 보고 확인하는 습관을 들인다면, 나중에는 자신감 있게 우리 한글의 띄어쓰기를 잘 할 수 있다.

[교정 결과]

A : 걸작이라 ~~불러울만하네요~~	→ 불릴만하네요
와!~~담배 피는~~ 것도 멋지고	→ 담배 피우는
B : 그럼요, 이 작품이 훨씬 ~~낳죠~~?	→ 낫죠?
A : ~~일일히~~ 살펴보지 않아도 되겠어요	→ 일일이 시간도 별로
없거든요	
B : 잘 결정하셨어요	
A : ~~오랫만에~~오니 좋네요	→ 오랜만에
A : 커피 한 잔 드릴까요?	
B : 네, 감사합니다	
A : 제가 장사를 한동안 ~~않했는데~~	→ 안 했는데
오늘은 운이 좋네요	
B : 저도 ~~웬지~~ 오고 ~~싶더라구요~~	→ 왠지 싶더라고요
A : 어머나 ~~어떻하죠?~~	→ 어떡하죠
커피 원두가 떨어졌네요	
B : 믹스커피 있으면 주세요	
A : 그래도 ~~돼나요~~?	→ 되나요
원두 사는 걸 ~~잃었어요~~	→ 잊었어요?
B : 참 ~~희안하죠~~?	→ 희한하죠?
저도 나이 먹으니 건망증이 생겨요	
A : 오늘이 ~~몇일인지도~~ 모르고	→ 며칠인지도
도대체 왜 이러는지 몰라요	
B: 그래도 지난 번에 잊지않고	
부탁한 ~~데로~~ 해주셨잖아요?	→ 부탁한 대로

영상 번역 연습

아래 원고지 칸 안에 각 줄 대사를 띄어쓰기를 지켜 우리말로 번역하시오.

A: How about hanging out tonight? I am fully loaded now.

B: I can’t. I have something to do. By the way, it’s only Wednesday.

A: You’re right but it’s practical Friday.

B: Don’t be silly. Nobody can stop you.

[번역]

II. 영상 번역의 실제

6. 번역자막 제작 프로그램 사용하기

How to Use Subtitling Software

생각해 볼 문제

- 자막은 영상과 합쳐진 파일일까 아니면 별도로 분리된 파일일까?
- 번역사가 자막 삽입하는 것도 배워야 하는가?

본 장에서는 영상자막 번역에 사용되는 소프트웨어를 소개하고, 이들 소프트웨어의 사용방법을 소개한다.

영상물에 자막을 입히는 작업은 90년대 초, 중반까지만 해도 번역사도 직접 할 수 없는 영역이었다. 번역한 내용을 방송국 피디나 작가들에게 전달하면, 방송국에서 편집 작업을 거쳐 자막으로 만들어져 방송 되었기 때문이다.

개인 컴퓨터의 등장과 다양한 소프트웨어의 등장으로 컴퓨터 사용에 익숙해지면서, 일반 문서 번역사들도 원고지에 작업하지 않고, 컴퓨터 워드프로세서를 사용하지 않으면 안 되는 세상이 도래했다. 마찬가지로 영상 번역에서도 관련 소프트웨어의 등장으로 컴퓨터 사용이 당연하게 여겨지게 되었다. 인터넷을 검색해보면 정말 많은 영상 번역 관련 소프트웨어나 프로그램들이 유료 또는 무료로 사용이 가능한데, 이 중에서 무료로 사용이 가능한 프로그램들을 위주로 실제 자막을 만들어 영상에 입히는 과정을 아래에 소개한다.

컴퓨터 사용에 능숙하지 않아도, 워드프로세서를 다룰 줄 안다면 아래 소개하는 절차대로 배우고 연습하면 누구나 자막을 만들어 영상에 자막을 입힐 수 있다.

보통 영상물에 자막을 입히려면 원본 영상에 동영상 재생 프로그램이 인식할 수 있는 자막파일이 있어야 한다. 보통 자막 파일은 확장자가 .smi인 파일로 제작되어야 한다. 자막 만드는 과정은 다음그림의 절차대로 진행하면 된다. 영상물에 입힐 자막의 번역이 완료되어, 자막 텍스트가 준비된 상태에서 작업하는 것을 전제로 한다.

6-1. "자막 한방에"를 이용해 자막 파일 만들기

인터넷에서 무료 프로그램인 "자막 한방에"라는 소프트웨어를 컴퓨터에 설치한다. 한글로 만들어진 프로그램이고, 프로그램도 쉬워 초보자도 아주 쉽게 사용할 수 있다.

자막제작 작업을 먼저 간단히 도식화하면 다음과 같다. 이런 순서대로 작업이 진행된다는 전체적인 그림을 이해하고 나서, 실제 작업을 진행하면 된다.

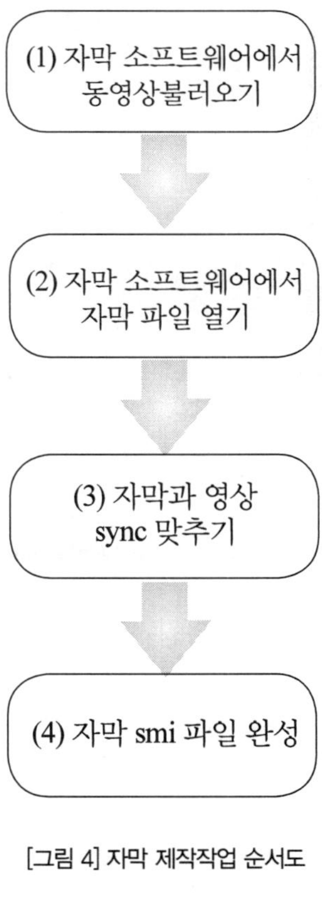

[그림 4] 자막 제작작업 순서도

(1) 자막 한방에 실행하기

일반 워드 프로그램을 실행하는 것과 마찬가지로 프로그램을 열면 된다. 화면의 좌측 상단은 동영상 파일이 보이는 곳이고, 우측의 하얀 화면은 자막과 자막의 로딩타임을 위한 공간이다.

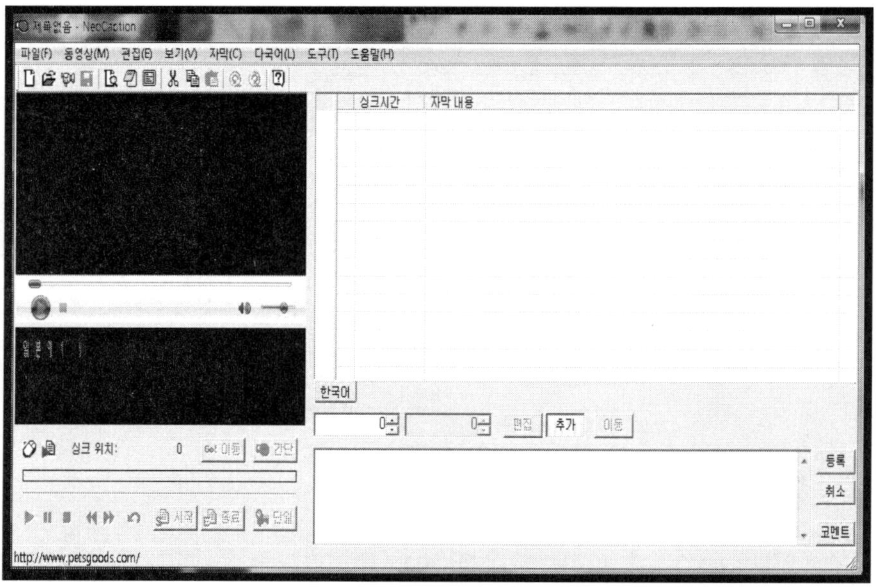

[그림 5] 자막 한방에 실행 화면

(2) 동영상 파일 불러오기

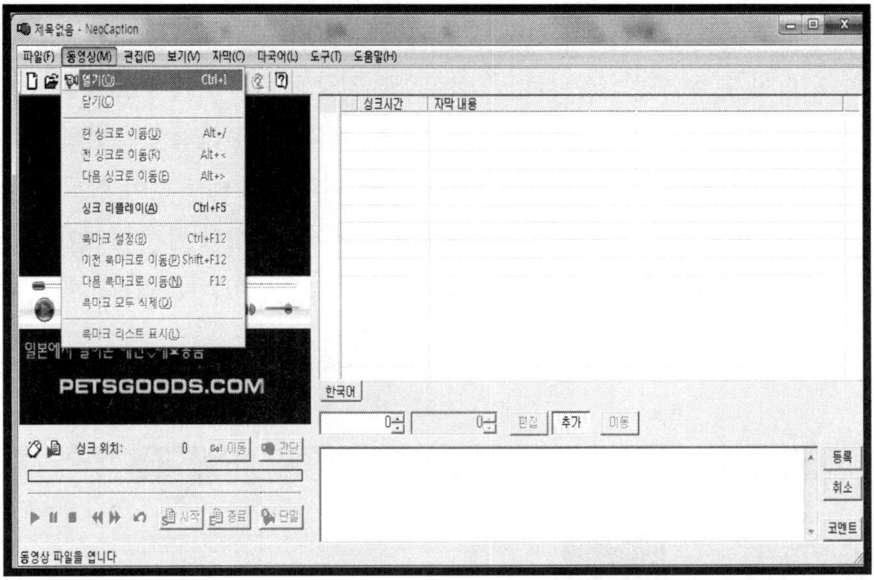

[그림 6] 동영상 파일 불러오기

동영상 파일도 종류가 많은데, 거의 대부분 작업이 가능하다. 만일 열리지 않는다면, 도움말을 통해 동영상 파일 유형을 확인해보고, 필요한 경우, 변환을 하면 된다. 동영상 파일을 불러와도 실제 작업이 진행되기 전에는 좌측 상단 검정색 화면에 나타나지 않는 경우도 있는데, 오류는 아니므로 그대로 다음 단계로 넘어가도 된다.

(3) 번역한 텍스트 파일 불러오기

자막 파일을 만들려면 먼저 번역이 완료된 파일을 텍스트 형식으로 작성해서 불러와야 한다. "자막 한방에" 프로그램은 텍스트 파일 형식(.txt)에서 "유니코드" 방식으로 저장된 텍스트 파일을 사용할 것으로 권한다. 그러므로, 자막파일을 저장해 사용하기 전에 반드시 유형을 잘 확인해야 한다. 영어가 아닌 기타 언어 예를 들어, 중국어로 자막 텍스트 파일을 만드는 경우, 중국어가 영상과 함께 플레이할 때 글자가 깨져 제대로 인식하지 못하는 경우가 있는데, 텍스트파일의 인코딩 문제가 원인이 되는 경우가 많다.

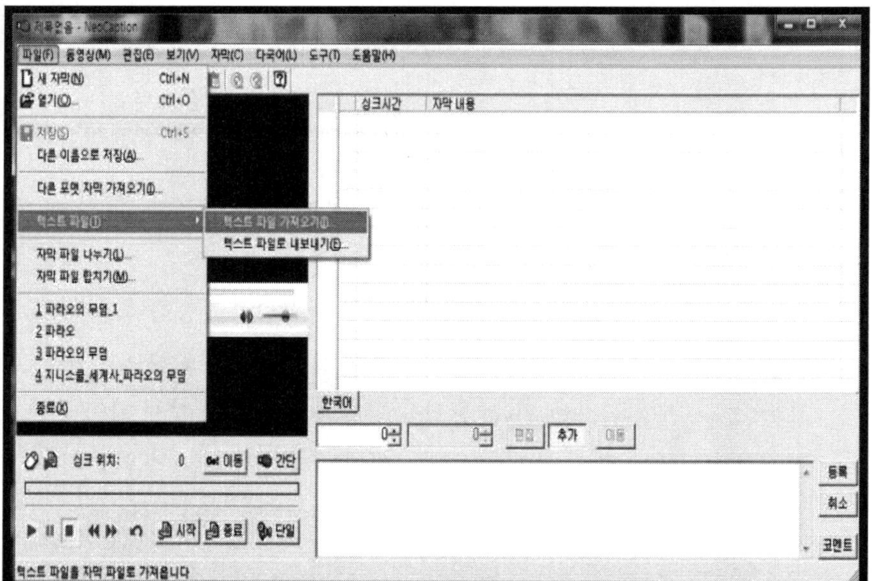

[그림 7] 자막 파일 불러오기

(4) 자막을 불러온 상태

텍스트로 된 자막을 불러오면 아래 화면에서처럼, 화면의 우측에 자막으로 들어갈 번역문이 배치된다. 우측 화면에 칼럼 중에서 “싱크시간”이라고 된 부분은 싱크를 맞추기 전에는 모두 “0”으로 표시된다.

[그림 8] 자막을 불러온 화면

(5) 번역 텍스트 싱크 맞추기

오른쪽 화면의 번역 각 줄에 커서를 놓고, 왼쪽 영상을 플레이 하면서 번역 텍스트 각 줄에 해당하는 대사가 나올 때 "단일"이라고 써 있는 메뉴 버튼을 누르면 "싱크시간" 부분에 해당하는 시점이 수치로 입력된다.

처음 싱크를 맞출 때는 어느 정도 초안작업이라 생각하고 맞춘 뒤, 나중에 재생을 반복하면서 해당하는 부분의 싱크를 미세 조정해 자막의 시작 시점을 정확하게 맞추도록 한다.

[그림 9] 동영상에 자막 싱크 맞추기 작업

(6) 싱크 삽입이 완료된 상태

자막 각 줄이 로딩되는 시작점이 정해지면 화면처럼, 자막 앞 부분에 네 자리 숫자가 보인다. 이 네 자리가 싱크시간을 나타내는데, 일반적으로 자막제작에서 싱크는 8자리로 구성되어 있다. 하지만, 자막한방에 프로그램은 편의상 간단하게 4자리로 구성되어 있다.

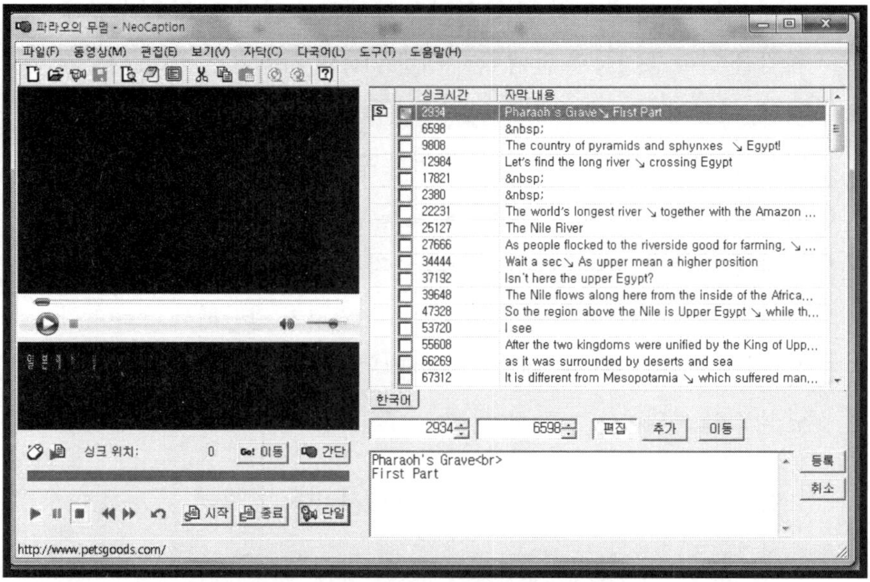

[그림 10] 자막 싱크작업이 완료된 상태

싱크는 한 번에 맞추기 보다는, 앞서 설명했던 것처럼, 먼저 대충 정하고 나서, 다시 화면과 내용을 들으면서 꼼꼼하게 싱크를 맞추도록 해야 한다. 자막이 말보다 너무 늦게 로딩되는지, 빨리 로딩되는지 등을 확인하면서 조정을 하면 된다. 처음 자막 싱크를 삽입했던 것처럼, "단일"이라고 써 있는 메뉴 버튼을 누를 때마다 "싱크시간"을 조정할 수 있다.

(7) 자막 두 줄로 만들기

텍스트 파일로 번역한 결과를 저장할 때 엔터(Enter)를 눌러 구분한 각 줄이 자막 한방에 우측 화면의 자막 내용 부분에 한 줄씩 들어가게 되는데, 이 때 자막 한 줄의 내용이 대사가 많아 긴 경우가 있다. 자막을 입혀 동영상과 함께 플레이(play)하면 자막이 한 줄로 나오지 않고, 화면의 크기에 따라 자막이 두 줄, 또는 세 줄로 나올 수 있다. 앞서 설명했던 것처럼, 한 줄에 들어갈 수 있는 자막의 글자 수는 제약이 있으므로, 한 줄이 아니라, 두 줄로 만들어야 한다.

자막 한방에 프로그램은 자막의 글자수를 자동으로 제한하는 기능이 없으므로, 두 줄로 구분하는 곳을 작업자가 판단해서 나눠야 한다. 아래 화면을 보면 자막의 첫 줄에 대한 내용이 오른쪽 화면의 하단 박스에 보인다.

아래 그림은 두 줄로 나눠진 자막의 예시이다.

Pharaoh's Grave
First Part

각 줄을 클릭하면 이렇게 하단 박스에 해당 자막이 보이는데, 하단 박스안에서 긴 자막을 엔터를 쳐서 나누면 된다. 자막을 두 줄로 나누면, 위의 박스 안에서 처럼 "<br>"이라는 HTML 코드가 삽입된다.

줄이 break된다는 코드이다. 그리고 이렇게 나눠진 자막은 상단의 자막줄에 나눠진 부분 바로 다음에 표시가 나타난다.

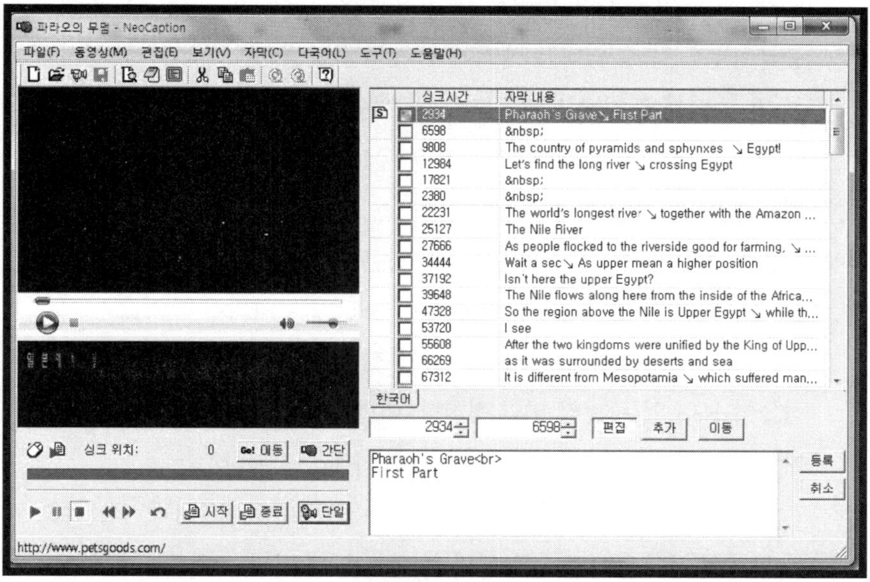

[그림 11] 자막 두 줄로 나누기 작업

(8) .smi 파일 내보내기

두 줄 처리까지 마치고 검토를 해 문제가 없다면, 이제 자막 파일로 내보내기를 하면 된다. 먼저 자막 작업이 완성되면 잊지 말고 저장(ctrl + S)을 한다. 동영상 파일이 있는 폴더에 동영상 파일명과 동일 파일명으로 .smi 파일을 저장해야 한다. 파일 이름이 다르거나, 저장 위치가 다르면 자막을 불러오지 못한다.

6-2. 자막 파일 유형

DVD 기술이 등장하면서, 영화를 보며 여러 가지 언어로 내용을 파악할 수 있다. 가령, 영어로 된 영화를 우리말로 또는 영어로 또는 중국어로도 볼 수 있다는 얘기이다. 케이블 방송의 다양한 외국 영상물 방송 덕분에 이제 우리는 자막에 아주 익숙해져 있다. 그런 자막을 이제는 우리가 쉽게 만드는 것을 상상하고 아니 이제는 좀 더 쉽게 만들어 보게 되는 세상이 되었다.

일반적으로 영상물에 입혀지는 자막은 크게 텍스트 형태와 이미지 형태 두 가지가 있다. 먼저 DVD 등에 등장하는 자막은 텍스트가 아니라 그래픽으로 인코딩(encoding)된 것이다. 그리드(grid)위에 여러 점들이 모여 있는 것일 뿐인 것이다. 이런 이미지들이 영상물이 플레이 될 때 영상물 위에 얹혀 지는 것으로 이해하면 된다.

일반적으로 본 책에서 언급하는 자막은 이미지가 아니라, 텍스트로 구성된 자막을 대상으로 한다. 이미지로 된 자막보다 텍스트 형식으로 만들어진 자막은 노트패드 등과 같은 간단한 텍스트 에디터 등을 이용해 손쉽게 만들고, 수정할 수 있기 때문에 많은 사람들이 선호할 수 밖에 없다. 여기에 덧붙여 우리가 흔히 보는 영상물의 파일 유형 중에서 AVI 파일의 역할이 크다고 볼 수 있는데, AVI 파일에서는 텍스트로 된 자막 파일만 이용 가능하기 때문이다.

텍스트 자막 파일 중에서 smi와 srt가 일반적으로 많이 사용된다. 이둘 중 더 친숙한 텍스트 자막 파일은 smi 타입이다. smi 타입은 마이크로소프트가 1998년에 개인용 컴퓨터에서 간단하게 자막을 제작할 수 있도록 개발한 SAMI(Synchronized Accessible Media

Interchange)파일로, 일종의 마크업 언어(markup language)이다.[17] 윈도우 미디어 플레이어를 비롯한 동영상 플레이어들에서 smi 파일은 자막으로 사용하는데 아무런 문제가 없다. 우리가 smi 파일로 부르는 자막 파일은 위에서 말한 대로 원래 SAMI파일이고, 확장자가 .smi이거나 또는 .sami 확장자로 표기된다. SAMI파일은 일반적인 텍스트 파일이기 때문에 모든 텍스트 편집기에서 열어 작업을 할 수 있고, 구성도 HTML 형식과 아주 유사해서 HTML코드를 조금만 익히면 자막에 다양한 변화, 예를 들어 색상변화, 자막 폰트, 크기 등의 변화를 줄 수 있는 장점이 있다.

.srt 파일은 DVD 등의 영상물에 입혀진 자막을 자막만 추출해낸 텍스트 형태로 만들어진 자막 파일이다. 대부분의 동영상 플레이어에서 .smi와 함께 사용하는데 큰 문제가 없다. 다만 .srt 파일은 원래 이미지로 된 것을 텍스트로 변환해 추출해 낸 것이어서, smi 유형과 달리 HTML코드를 이용해 변화를 줄 수 없다.

좀 더 자세하게 .srt 파일에 대한 설명을 덧붙이자면, DVD 또는 해외 방송 프로그램에서 입혀진 자막은 이미지 형태로 입혀진 것인데, 이를 자막 추출 소프트웨어인 SubRip 등으로 텍스트 형태로 자막을 뜯어내면 자막 텍스트와 더불어 자막의 삽입, 종료 시점 정보가 담긴 타임코드(time code)가 같이 담겨진다. 예를 들어 다음과 같이 .srt 파일 유형은 구성된다.

17) 위키피디아 SAMI 참조. https://en.wikipedia.org/wiki/SAMI

```
1
00:00:27, 100 --> 00:00:30, 152
도대체 뭘 하고 있는 거야?

2
00:00:32, 100 --> 00:00:34, 501
차가 막혀서 어쩔 수 없었어요
```

[그림 12] srt 파일 예시

[그림 12] .srt 자막 파일 예시에서 번역 자막의 구성을 살펴보자 첫 번째 숫자 1은 자막의 일련번호라고 보면 된다. 이런 식으로 순서대로 자막 별로 번호가 부여된다. 두 번째 여러 개 숫자로 된 것이 바로 타임코드인데, 다음과 같이 구성된다. "시간:분:초, 백분 단위 초"이런 식이다. 영상물의 러닝 타임에 따라 이 숫자는 계속 늘어나게 된다. 이중에서 시간, 분, 초 까지는 콜론으로 구분을 해서 표시가 되는데, 다음 단위인 100분의 1초 단위로 세분화된 시간은 각 자막의 로딩타이밍의 세밀한 부분에 해당한다.

파일 구성 자체로만 본다면 .srt 파일이 훨씬 구성이 간단한데, .smi 유형은 파일을 열어보면 아래 [그림 13]처럼 HTML와 유사한 코드들이 즐비한 것과 대비된다. 그래서 .srt 자막은 상대적으로 수정이 편리하고, 싱크 조절이나 자막의 줄 바꿈도 손쉽게 해결할 수 있다.

```
<SAMI>
<HEAD>
<TITLE>smi파일 예시</TITLE>
<STYLE TYPE="text/css">
<!--
P { text-align:center; font-family:돋움, Arial; font-weight:normal;
   color:white; background-color:black; }
. KRCC { Name:한국어; lang:ko-KR; SAMIType:CC; }
. ENCC { Name:English; lang:en-US; SAMIType:CC;}
#STDPrn { Name:Standard Print; }
#LargePrn { Name:Large Print; font-size:20pt; }
#SmallPrn { Name:Small Print; font-size:10pt; }
-->
</STYLE>
</HEAD>
<BODY>
<SYNC Start=5034><P Class=KRCC>
도대체 뭘 하고 있는 거야?
<SYNC Start=8671><P Class=KRCC>
차가 막혀서 어쩔 수 없었어요
<SYNC Start=9655><P Class=KRCC>
허구한 날 늦으면서<br>핑계는 늘 똑같고
<SYNC Start=10673><P Class=KRCC>
죄송합니다
<SYNC Start=11807><P Class=KRCC>
다들 기다리고 있어<br>어서 들어가봐
```

[그림 13] smi파일 예시

6-3. "Subtitle Edit(SE)"를 이용해 자막 파일 만들기

인터넷에서 "subtitle edit"[18]을 검색해 컴퓨터에 다운로드 해 압축을 풀고 설치를 하면 아래와 같은 화면이 나타난다.

[그림 14] subtitle edit 실행 초기화면

위 그림에서 메뉴들이 모두 한글로 표기되는데, 원래는 영어로 표기가 되며, 영어 메뉴에서 "option"이라는 버튼을 눌러 "Choose Language" 하위 메뉴를 눌러 "한국어"를 누르면 위와 같이 한글로 된

18) Subtitle edit은 http://www.nikse.dk/에서 무료로 다운로드 할 수 있다.

메뉴를 볼 수 있다.

위와 같이 실행한 다음에 자막과 영상을 각각 불러와 작업을 시작하면 된다. Subtitle edit의 장점은 지속적으로 업데이트가 이뤄지고 있는데다, 한글 지원이 된다는 점, 그리고 무엇보다 다양한 동영상 파일을 지원하고, 자막 파일도 가리지 않고 거의 모든 형태의 자막을 불러와 수정, 저장, 그리고 다른 형식의 자막 파일로 변환이 가능하다.

[그림 15] 영상과 자막을 함께 실행한 화면

위 [그림 15]은 동영상과 자막을 불러온 상태이다. 화면의 상단 메뉴 바로 아래 자막 형식이 "SAMI"로 표기된 걸 보면 자막 형식이 .smi라는 것을 알 수 있다. 화살표로 된 부분의 대사가 우측 하단의 동영상 화면에 표시되는 것을 볼 수 있고, 필요하면 바로 수정이 가능하다.

두 번째 화살표가 가리키고 있는 부분은 자막에 대한 정보를 담고 있다. "초당 문자수" "총 문자수" "한 줄당 문자수"를 보여 주고 있다.

위 그림 들에 표시된 자막은 이미 싱크작업이 이뤄진 경우인데, 실제 사용자가 번역을 하고, 번역 자막을 소프트웨어에서 불러 와서 자막의 로딩 타임을 잡는 싱크를 잡는 등의 작업을 해야 한다. 이와 관련된 자세한 내용은 인터넷에서 다양한 카페, 블로그 등에 실린 글을 찾아 읽어보고 실습해 보면 쉽게 사용법을 익힐 수 있다.

6-4. 기타 자막제작 소프트웨어

인터넷에서 무료로 다운로드해서 설치하고 바로 사용할 수 있는 다양한 소프트웨어들이 많다. NS Caption Creator 4, Aegisub, EastCaption, MakeSami, Scriptway 등이 일반적으로 많은 사용자를 갖고 있다. 이들 자막 프로그램은 무료로 배포되어 사용이 자유롭다는 장점이 있지만, 업데이트가 잘 되지 않거나, 기능이 제한적일 수도 있고, 개발과 업데이트가 중단되어 아예 더 이상 사용이 불가한 경우도 있다. 인터넷에서 검색해서 사용자가 가장 많고, 상대적으로 오랜 기간 사용되어 온 것으로 보이는 프로그램을 사용하는 것이 안전하다. 만일 전문적으로 영상 번역을 한다면 별도로 자막 제작 소프트웨어를 구입하는 것이 바람직하다.

영상 번역 연습

아래 원고지 칸 안에 각 줄 대사를 띄어쓰기를 지켜 우리말로 번역하시오.

A: I gotta leave now. This is where I leave you guys.

B: Wait a sec. I will see you home.

A: No, no, no. My house is within a stone's throw from here.

B: If you insist. Take care and have a good night!

[번역]

7. 영상물 등급

Movie Grading

생각해 볼 문제

- 영화 등 영상물의 관람등급은 누가 정하는가?
- 영화 등 영상물의 등급은 국가별로 다른가?

모든 영상물은 시청이 가능한 연령대를 판단해 적정 시청 가능 연령층을 정하도록 되어 있다. 우리나라에서는 "영상물등급위원회(Korea Media Rating Board/http://www.kmrb.or.kr/)"에서 영상물에 대해 7가지 요소 (주제, 선정성, 폭력성, 대사, 공포, 약물, 모방위험)를 바탕으로 5가지 등급 (전체 관람가, 12세 관람가, 15세 관람가, 청소년 관람불가, 제한 상영가)으로 나눠 결정한다. 등급분류는 영화, 비디오, 예고편, 광고영화, 광고, 선전물을 대상으로 영화, 청소년, 언론, 법률, 교육 문화 등 전문가들이 결정한다.

우리나라가 가장 많이 수입해 상영하고 있는 미국영화의 경우는 우리보다 훨씬 먼저 영상물 등급제도를 시행했다. 미국 영화협회인 MPAA(Motion Picture Association of America)의 영화 등급분류 기관인 CARA(The Classification and Rating Administration)에서 미국 내 대중에게 상업적으로 배포, 상영되는 모든 영화에 대한 적정 등급을 결정한다.[19] 우리나라와 마찬가지로 5가지(G, PG, PG-13, R, NC-17)로 영화를 분류하고 있다.

영상 번역가들에게 이러한 영화분류 기준에 대한 정보가 필요한 이유 중 하나는, 영상물을 번역할 때 관람 연령대에 따라 적절한 언어 표현을 사용해야 하기 때문이다. 영상물의 공공성과 윤리성 측면을 고려해, 영상물 상영으로 인한 심리, 정신 건강 등에 피해를 줄 수 있기 때문에, 해당 연령층에 맞는 적절한 번역이 절대적이다. 거의 대부분의 나라에서 외화 원본 영상물의 대사를 자막으로 처리할 때는 보수적으로 번역 처리를 하고 있다. 이에 대해서는 "욕 번역"에 대한 부분에서 자세히 다루도록 한다.

19) 미국 영화협회(MPAA)의 웹 페이지 참조:http://www.mpaa.org/film-ratings/

MPAA 등급분류	의미	한국 KMRB 등급	의미
G (General Audiences)	모든 연령대 관람 가능	전체관람가	모든 연령대 관람 가능
PG (Parental Guidance Suggested)	부모의 시청지도 필요	12세 관람가	12세 이상 관람 가능하며, 12세 미만인 경우, 부모, 보호자 동반 필수
PG-13 (Parents Strongly Cautioned)	13세 미만인 경우 부모의 관람지도 필요	15세 관람가	15세 이상 관람 가능하며, 15세 미만인 경우, 부모, 보호자 동반 필수
R (Restricted)	17세 미만인 경우 부모 또는 보호자 동반 필수	청소년관람불가	청소년 관람할 수 없음 (부모, 보호자 동반해도 불가)
NC-17 (Adults Only)	17세 이하는 관람 불가	제한 상영가	영상물 상영에 일정한 제한이 필요함

[표 2] 미국과 한국의 영상물 등급분류 비교표[20)]

우리나라의 경우, 앞서 설명한 바와 같이 7가지 항목을 기준으로 판단하는데, 각 항목별로 "낮음" "보통" "다소 높음" "높음" "아주 높음"의 5가지로 결정된다.

모든 영상물의 등급신청은 강제가 아닌 자발적인 신청에 따라 이뤄진다. 물론 상업적인 목적으로 상영하려면 등급판정을 받아야 가능하다. 영상물 등급위원회의 "2015년 영화 등급분류 총결산" 보고서[21)]에 따르면, 2015년 한 해에 전년도인 2014년의 1,455편 등급분

20) 미국과 한국의 영상물 등급분류가 5가지로 숫자는 같지만, 각 항목의 적용 범위가 동일한 것은 아니다.

21) 영상물 등급위원회 웹 페이지에 게시되는 "2015년 영화 등급분류 총결산" 참조: https://www.kmrb.or.kr/news/ratingMagnifierView. do? idx=203

류 보다 200여 편 증가된 1,680편에 대한 등급분류가 이뤄졌다고 한다. 이 중에서 국내 영화는 367편이고, 해외에서 수입한 영화가 무려 1,313편이나 되었다. 미국 영화의 경우 "Not Rated" 또는 "Unrated" 라고 표기가 된 영상물이 인터넷에서 떠도는 경우가 있는데, 이는 등급판정을 받지 않았거나, 등급판정 받은 영상물이지만, 해당 영상물에 대한 수정이 이뤄지지 않은 경우에 해당하는 것을 의미한다.

같은 영화를 등급 판정할 때 국가별로 문화, 언어, 사회적인 맥락 등의 이유에서 차이가 나기도 하는데, 예를 들어 일제 강점기 우리 대한민국 임시정부의 비밀작전을 다룬 최동훈 감독의 "암살"은 다음과 같이 나라별로 다르게 판정을 받았다.

국 가		영화등급	국 가		영화등급
호 주	MA 15+ RESTRICTED	15세이상관람가	캐나다 (브리티시 콜롬비아주)	14A	14세이상관람가
캐나다	13+	13세이상관람가	독일	16	16세이상관람가
필리핀	R-13	13세이상관람가	싱가포르	NC16	16세미만관람불가

[그림 16] 영화 〈암살〉해외 등급분류 결과[22]

22) 등급분류 심층 기사와 동향정보를 제공하는 등급위원회의 2015년 12월에 작성된 "등급돋보기"에서 발췌한 이미지:https://www.kmrb.or.kr/news/ratingMagnifierView. do? idx=200

우리나라의 영상물 등급위원회는 2013년부터 국제 영화 등급 분류 포럼(International Film Classification Forum)을 개최하고 있다. 2015년에는 한국, 캐나다, 독일, 일본, 싱가포르, 태국, 필리핀이 참석해 청소년 보호 관점에서 영화 등급을 논의했는데, 청소년 등급을 점차 세분화 운영하는 것으로 파악되었다.[23)]

23) 7개국의 연령별 영화 등급에 대한 보다 자세한 내용 및 국가별 비교 정보는 다음 웹 페이지에서 찾아 볼 수 있다. https://www.kmrb.or.kr/news/ratingMagnifierView.do? idx=199

영상 번역 연습

아래 원고지 칸 안에 각 줄 대사를 띄어쓰기를 지켜 우리말로 번역하시오.

A: Come on, why don' t we drink and say sorry?

B: All right, no hard feeling!

A: Let' s get trashed this evening. Okay?

B: Of course! That sounds good.

[번역]

8. 욕 번역

Translation of Swearwords

다음 대사를 자막이라고 생각하고 번역 해보자

- **Shit!** I've forgotten to call Junho.
- **Why the hell** is he driving so fast!
- **What the fuck** has she done to my painting!

누구나 한 번쯤은 욕을 해봤을 것이다. 욕은 우리의 일반적인 언어 사용에서 권장할 수는 없지만, 무시할 수 없는 언어의 일부분인 것은 분명하다.

> Swearing is a part of everyday language use.
>
> (McEnery & Xiao, 2004).
>
> Swearing is a common feature of informal conversation.
>
> (Fägersten, 2012)

다음 대사를 읽고 우리말로 번역해보자.

01:24:55	Tell me!
01:24:56	Where is it? Where is it?
01:24:59	Answer me, you son of a bitch!
01:25:03	What's the matter?
01:25:07	What is it?

대사 중에서 "son of a bitch"를 어떻게 번역할 것인가? 물론 이 영화의 등급이 무엇이고 관람객의 연령대가 어떻게 되느냐를 판단해야 한다. 대학생 친구들이 나누는 대화라고 가정했을 때, 뭐라고 번역하는 것이 좋을까?

"son of a bitch"는 분명 영어에서 가장 자주 사용되는 욕 중 하나이다. 뜻이라고 한다면 문자 그대로 "암캐의 자식" 또는 개 같은 년의

자" 이라는 말인데, 우리말로 "개새끼" 라고 흔히 표현하는 말이다. 영어를 잘 모르거나 처음 배우는 사람들도 개새끼를 영어로 son of a bitch라고 한다는 것을 모르는 사람이 없을 것이다. 그렇다면 "개새끼"라고 번역을 해도 되는가?

팬섭(fan subtitle)이라면 등급 판정에 대한 걱정 없이 아주 자유롭게 자막에 "개새끼" 라고 자막 처리를 할 수 있다. 하지만 일반적인 상영을 목적으로 하는 영상물이라면 곤란하다. 그리고 상영장소에 따라서도 자막 번역 결과가 다르기도 하다.

"욕"을 의미하는 영어 표현은, "swear words" "profanity" "foul language" "four-letter words" "taboo words" 등이 있다. 이 중에서 가장 일반적으로 우리가 자주 접하게 되는 영어의 욕을 먼저 정리해보자.

"Go to hell!"

"Damn you"

"Fuck you"

"Go fuck yourself"

"Mother fucker"

"I don't give a damn"

"My ass"

"Piss off"

"Holy shit" "Bull shit"

위에 정리한 욕 표현은 필자가 임의로 떠올린 것이지만 너무나 자주 외국 영화를 보면서 듣게 되는 표현들이다. 욕에 대해 공부를 한다는 것이 우스운 일이지만, 영상 번역은 informal language를 다루는 경우가 많기 때문에 필요한 과정이라 볼 수 있다.

위에 정리한 욕 표현을 가만히 살펴보면 종교, 배변, 성, 신체부위, 동물과 연관된 것들이라는 것을 알 수 있다. Bednarek(2010)은 영어에서 자주 사용되는 욕을 주제별로 분류해 욕 표현에 꼭 등장하는 10가지를 밝혔다.

> "fuck" "god" "hell" "ass" "shit" "damn" "bitch" "piss" "crap" "screw"

욕을 번역하려면 위의 각각의 단어들의 의미를 알아야 하고, 이 단어들이 들어간 욕의 뉘앙스가 무엇인지도 알아야 한다. 욕 번역은 영상 번역 특히 영화나 미드 등을 번역한다면 흔히 접하게 되는 부분이다. Stenström et al. (2002)은 영국 런던의 십대들의 말을 모아 놓은 COLT 코퍼스를 기반으로 분석해 본 결과 "fuck"이 욕 중에서 가장 자주 사용된다고 했다. 정확히 얘기하자면 욕으로 fuck을 사용한 것만이 아니라, 감탄, 강조 등의 역할로 fuck이 아주 다양하게 사용되고 있었다. 이는 McEnery & Xiao(2004)가 "The swearword fuck to be one of the most versatile in the English language across sociolinguistic variables of age, gender, and social class."라고 얘기한 것과 일맥상통한다.

필자는 이러한 욕을 번역하는 것은 번역사로서 흥미를 가질 수 있는 영역이라 생각한다. 왜냐면 욕은 그 언어의 문화, 사회, 역사적 배경 등이 녹아있는 살아있는 표현이기 때문이고, 이러한 욕을 번역한다면 목표 문화권의 언어, 문화, 사회, 역사적 맥락을 잘 간파하고 있어야 하기에 번역사의 능력을 보여줄 수 있는 좋은 기회이기 때문이다.

다음 예문들을 뉘앙스를 생각하면서 읽어보자.

(1) I don't care.

(2) I don't give a damn.

(3) I don't give a shit.

(4) I don't give a fuck.

(5) I don't give a flying fuck.

(1)번 예문 "I don't care"는 "상관없어" "신경 안 써" "몰라" 등 정도로 번역하면 문맥에 따라 적절하다고 볼 수 있다. 그런데 (2), (3), (4), (5)번 예문의 경우에는 모두 swearword가 들어간 표현으로, 말하는 사람의 감정, 즉 짜증, 화 등을 담고 있는 표현이다. Swearword의 감정을 품은 정도에 따라 (2)번이 가장 경미하고, 그 다음이 (3), (4), (5) 순서로 강도가 세진다고 보면 된다.

짜증이 가득 담긴 번역으로 "몰라 씨발" "알게 뭐야, 씨발"이라고 표현이 가능하지만, 과연 이것이 자막으로 적절한 가를 생각해 보면 절대 허용할 수 없다. 도대체 뭐는 되고, 뭐는 안 되는 기준이 무엇인가에 대한 명백한 기준이 어디에 명시되어 있는 것은 아니다. 영화를 보고 나서 일부 관객들이 "You're a fucking asshole."이라는 대사를 "진짜 나쁜 자식이네"라고 번역했다고 번역의 수준이 떨어진다. 현실감이 없다는 등의 평을 하지만, 사실 이 대사를 "너는 진짜 개씨발 똥

구멍 같은 새끼야"라고 자막을 처리하는 것이 허용되지 않기 때문에 다시 말해 비속어, 욕설 등은 사용을 할 수 없기 때문에 번역사도 아쉬움을 갖고 있다.

방송통신심의위원회가 2015년에 발간한 방송언어 가이드라인[24)]을 보면 다음과 같이 기본적인 지침을 제시하고 있다.

> 욕설이나 비속어 등은 자막으로 방송해서는 안 되며, 정보 제공이나 의미 전달을 위해 반드시 필요한 경우 에도 사용에 신중을 기해야 한다.
> 대사 중 노골적인 욕설이나 직접적인 성애 표현은 의미 전달이 가능한 수준에서 순화하여 표기해야 한다.

위에 지침처럼, 욕설이나 비속어는 원칙적으로 사용해서는 안된다. 그리고 노골적인 욕설이나 비속어 등이 대사에 나오더라도 그대로 자막 처리를 할 수 없고, 어느 정도 "순화"하라고 되어 있다. 그래서 영상 번역에서 이러한 순화작업을 거치다 보니 제대로 맛깔스러운 욕스러운 자막이 없는 것이다.

이제 앞에서 설명한 내용을 토대로, 다음 대사를 보고 자막으로 적절한 번역을 해보자. 옆의 상사가 신입사원에게 엄청 심하게 고개 쳐들지 말고 제대로 일이나 하라고 훈계를 하자, 지켜보던 다른 상사가 신입직원에게 다가와 이렇게 말했다.

> "Hey, fuck him."

24) 방송통신심의위원회가 2015년 8월에 발행한 "방송언어 가이드라인"은 인터넷에서 검색하면 무료로 읽을 수 있다.

위 대사는 욕이 처음부터 끝까지 난무하는 레오나르도 디카프리오가 주연한 영화 "The Wolf of Wall Street"의 한 장면이다. 이 대사에 대한 적절한 번역은 욕을 쓸 수 없으니 "신경 끊어"라고 자막 처리가 되었다. 어떤가? 여러분들도 한 번 판단해 보기를 바란다. 마지막으로 욕 번역을 제대로 공부해 보기를 원한다면 바로 "The Wolf of Wall Street"을 DVD로 보기를 권한다. 왜냐? 이 영화가 바로 욕 투성이기 때문이다.

> Martin Scorsese's latest big screen release The Wolf of Wall Street has set a new Guinness World Records record title for most swearing in one film. The same f-word expletive is used 506 times – an average of 2. 81 times per minute. (Thorne, 2014).

기네스 세계기록으로 2014년 1월 기준 The Wolf of Wall Street 영화가 가장 욕이 많은 영화로 선정되었다. 분당 평균 2.81회 욕이 나오니[25] 자막으로 이 모든 욕을 어떻게 처리했을지 정말 궁금증이 생길 것이다.

공중파나 케이블 방송 프로그램의 경우에는 자막으로 허용되는 욕이나 비속어라면 "젠장" "제기랄" "빌어먹을" "망할" "우라질" "미친놈" "개자식" "엿먹어" 정도이다(함혜숙, 2011, p.237). 이에 비해 극

25) 이러한 수치는 기네스 기록이라고 발표되었지만, Gilbert Cruz가_http://www.vulture.com/2014/01/wolf-of-wall-street-counting-all-the-curse-words.html#에 실은 내용과 조금 다르다.

장에서 상영하는 영화의 경우에는 비교적 자막에서 허용되는 욕과 비속어 범위가 좀 넓다고 볼 수 있다. 이는 극장의 경우 입장할 때 관객의 나이를 제한해서 상영하기 때문인데, 이에 대해 함혜숙(2011)은 극장 개봉작은 관람 등급을 엄격하게 지키는 반면, 공중파는 더 많은 사람들이 보기 때문에 심한 욕설이나 속어를 여과 없이 내보낼 수 없다고 말했다.

언젠가 좀 더 유연하게 우리의 언어를 있는 그대로 반영한 살아 있는 자막을 사용할 수 있다면… 이것이 영상 번역가들이 바라는 바이기도 하고, 관람객들도 원하는 바가 아닐까 싶다.

영상 번역 연습

아래 원고지 칸 안에 각 줄 대사를 띄어쓰기를 지켜 우리말로 번역하시오.

A: Wow, James. Unbelievable to see you here.

B: Holy shit. You motherfucker. It’ s been a fucking long time.

A: What a small world, isn’ t it?

B: Yeah, fucking nice to see you again, man.

[번역]

9. 존댓말 번역

Translation of Honorific Expressions

생각해 볼 문제

- 영어에도 존댓말이 있는가?
- 이모, 고모를 영어로 뭐라고 표현할까?
- Brother 또는 sister는 형, 누나, 아니면 동생?

우리 한국사람은 대화를 할 때 존대를 해야 할지 하대를 해야 할지에 대한 판단을 해야 하는 경우가 많다. 나이가 많은 사람, 처음 보는 사람, 직장 상사 등에게는 일반적으로 존댓말 또는 높임말을 쓰기 마련이고, 친한 친구, 자녀, 직장에서 아래 직원 등에게는 평어 또는 하대를 해도 무방하다고 여긴다. How are you?라는 영어의 일반적인 인사를 우리말로 번역한다면, "안녕하세요?" 또는 "안녕?"으로 상대방이 누구냐에 따라 달라진다. 문제는 압축을 밥 먹듯이 해야 하는 영상 번역에서 안녕? 대신에 안녕하세요?라고 해야 한다면 번역사는 글자 수의 압박으로 부담을 가져야 하는 경우도 발생한다. 존댓말이 없다면 번역할 때 큰 고민하지 않고, 지금 보다 더 쉽게 할 수 있다고 해도 과언이 아닐 정도로 우리 한국어의 존댓말은 일상 언어생활에서 큰 부분이다. 존댓말이 없으면 좋을텐데라는 생각을 하니, 오래전에 읽었던 "한국사회의 차별과 억압(최봉영, 2005)"이라는 책이 생각난다. 이 책은 한국 사회에 남아있는 차별과 억압의 근본적인 원인이 존댓말과 반말로 이루어진 존비어(尊卑語)때문이라고 주장한다. 신분제가 폐지된 지 100년이 더 지났는데 여전히 우리 한국인들은 유사 신분제 관계 속에 살고 있고 제대로 자각하지 못하고 있다고 한탄했다. 반말했다고 시비가 붙어 끔찍한 범죄로까지 이어지는 우리나라는 저자의 말대로 무의식적으로 위, 아래를 구분 지으려는 태도가 뿌리 박혀있는 문화라고 볼 수 있다.

우리 사회의 차별과 억압을 비판하려는 것이 아니므로 이 정도에서 책 얘기는 접어두고, 번역의 입장에서 볼 때 영어에 없어 보이는 사람들간의 상하관계를 영상 번역에서는 면밀히 따져 누가 누구에게 존댓말을 하고, 하대를 해도 되는 지를 구분해야 한다는 점을 강조하고자 한다.

먼저 호칭에 대해서 생각해본다. 호칭을 먼저 꺼내는 이유는 호칭이 우리 한국사람들의 인간관계에서 차지하는 비중이 크기 때문이다. 나이나 지위의 높낮이에 민감한 한국인들에게는 대화를 나눌 때 상대방을 어떻게 불러야 할 지가 늘 골칫거리여서 정말 "긴장의 땔감"(고종석, 2007, p.26)이 아닐 수 없다.

9-1. 가족간 호칭

대화에서 상대방을 부르는 호칭은 우리 한국어가 영어에 비해 훨씬 발달했다. 특히 가족간의관계가 더 끈끈하고 밀접한 우리 한국의 문화를 반영한 가족간 호칭은 영어에 비하면 너무 복잡하다고 말할 수 있을 정도이다. 다음 대화를 보자.

A: Who is that guy?
B: He is my uncle. Uncle Joe has just returned from Africa.

위 대화에서 "He is my uncle."이라는 부분을 번역하면 어떻게 표현할 수 있을까? 영어의 uncle은 우리 말로 큰아버지, 작은아버지, 삼촌, 외삼촌, 고모부, 이모부에 해당한다. 영상 번역에서 영화가 시작한 지 5분도 안돼서 이런 장면이 나온다면 과연 uncle이 무엇에 해당하는지 도무지 알 방법이 없다. 해결하려면 영화를 좀 더 지켜보거나, 영화에 대한 정보를 확보해서 인물의 관계를 파악해야 한다. 가족간 호칭 중에서 grandfather, grandmother, father, dad, mother, mom/mum, son in law, daughter in law, cousin, nephew, niece까지는 우리말로 각각, 할아버지, 할머니, 아버지/아빠, 어머니/엄마, 사위, 며느리, 사촌,

조카로 번역을 하면 된다. 번역을 하면서 복잡해지고 고민해 봐야 하는 호칭은 다음과 같다.

영 어	한 국 어
brother	형, 동생
sister	누나, 언니, 동생
mother in law	시어머니, 장모
father in law	시아버지, 장인
sister in law	형수, 계수, 시누이, 올케, 처제, 처형, 동서
brother in law	시아주버니, 시동생, 처남, 매부, 자형, 동서
uncle	큰아버지, 작은아버지, 삼촌, 외삼촌, 고모부, 이모부
aunt	큰어머니 작은어머니, 고모, 이모, 숙모, 외숙모

[표 3] 영어와 한국어 호칭 비교

[표 3]의 영어 호칭을 번역할 때 우리말에 해당하는 호칭이 복수이기 때문에 문맥에 따라, 인물의 관계에 따라 알맞게 골라 번역해야 한다. My brother works in Brisbane, Australia.라는 문장을 번역할 때 "우리 형"이라고 해야 하는지 "우리 동생"이라고 해야 하는지 구분 지어야 한다.

9-2. 직장 내 호칭

직장은 가족과 달리 업무상 공적인 관계로 형성된 인간관계를 맺고 있다. 우리나라의 직장은 회사마다 독특한 기업문화를 가진 경우가 많다. 특히 서로간의 호칭에 대해 판이하게 다른 문화가 존재하지만 공통적인 것은 하대를 하지 않도록 조금은 가족 같은 분위기 내지는 존중하는 태도를 담으려고 애쓴다. 사장, 부장, 과장, 대리 등 직급에 ~님을 붙여 호칭하던 것을 수직적 인간관계 개선을 위해 직급은 버리고 이름에 ~님을 붙이거나, 이름을 아예 버리고 영어이름을 만들거나, ~프로, ~ 매니저, 별명을 정해서 부르는 경우도 있다. 어떤 회사는 사원은 "씨" 또는 "어소시에이트" 대리부터 차장까지는 "매니저"라고 정한 경우도 있다.[26] 맘에 들던 안 들던 자신이 속한 회사의 문화를 그대로 따르면 그만이다. 문제는 우리가 번역을 할 때 이런 독특한 기업문화를 따를 수 없기 때문에, 보편적인 경우를 생각해서 적용해야 한다는 것이다. 가장 일반적인 것이 직급을사용하는 것이다. 영어권 문화에서는 그냥 이름(first name)을 부르는 경우가 가장 흔하다. 우리처럼 김이사님, 이부장님, 박과장님! 이렇게 부르는 경우는 거의 없다고 봐도 무방할 정도다. 각 회사별로 직급은 미국이나 영국의 경우에도 너무나 다양하기 때문에, 각 직급에 해당하는 우리말 직급을 정리하는 것은 무의미하다고 생각된다.

실제 번역을 할 때 고민되는 부분만 고려해보면 된다. 아래 대화를 먼저 읽어보고 어떻게 번역하면 좋을지 생각해 보자.

A: When do we have a presentation, Bob?
B: It is scheduled for tomorrow morning.

이 대화에서 A는 직장에서 부하 직원이고, B는 직장 상사라고 한다면, 첫 번째 대사를 번역할 때 존댓말로 "프레젠테이션이 언제인

26) 주간조선 기사 참고:http://weekly.chosun.com/client/news/viw.asp?nNewsNumb=002328100012&ctcd=C02

가요?" 라고 번역하는 게 맞다. 그런데 Bob이라는 호칭은 우리가 이름을 그대로 밥이라고 번역할 수 없다. 방법은 호칭을 생략하는 것이 가장 편리할 것이고, 필요한 경우라면 직책을 찾아서 알맞게 번역해야 한다.

영어에서 다음과 같이 직장 상사를 표현할 수 있다.

He is my supervisor/ superior/ boss.

자신의 직속 상사라면 supervisor 또는 boss가 가장 알맞고, 회사 내에서 직급이 나보다 높은 경우라면 superior가 적당하다.

미드나 영화에서 등장인물에 대한 정보를 미리 알지 못한다면, 서로 나누는 대화만으로 누가 누구에게 존댓말을 해야 하는지를 간파하기가 여간 어려운 것이 아니다. 베일 속의 관계라면 더군다나 알 길이 없다. 얼굴을 보고 조금 늙어 보이니까 존댓말을 하는 걸로 했다가 낭패를 보기 십상이다. 특히 미드처럼 시즌이 진행되는 도중에 불쑥 등장해 계속 나타나는 경우 관계설정이 어려워 번역사가 존댓말로 밀고 나갈지 아니면 이제 친해졌을테니까 반말로 번역할지 고민에 빠질 수 있다. 그래서 처음부터 인물의 관계설정에 대해 잘 파악하고 결정해서 밀고 나가는 수 밖에 없기도 하다.

9-3. 부부 또는 연인 .간의 대화

인물의 관계가 나이, 직급 등으로 판단이 가능한 경우에는 호칭부터 말투를 어떻게 설정할지 결정하면 되는데 비해, 연인간의 대화 또는 부분의 대화라면 어떻게 하는게 좋을까? 다음 대화와 번역을 살펴보자. 다음은 남편과 아내의 대화이다.

A: Where have you been all day long?
B: I have been to the shopping mall.
A: You should have told me earlier.
B: Oh no, not again, James. I did last week.

[번역]
A: 하루 종일 어딜 싸돌아 다녀?
B: 쇼핑몰에 있었어요
A: 진작에 얘기를 했어야지
B: 또 그래요, 지난 주에 말했잖아요

위 번역에서 남편은 반말로, 아내는 존댓말로 번역이 되었다. "괜찮다"라는 반응과 "뭐야, 왜 여자는 존댓말?"이라고 반응할 수도 있을 것이다. 실제 우리나라의 외화 번역에서 자막과 더빙을 막론하고 남자는 반말, 여자는 존댓말이라는 출처를 알 수 없는 원칙이 오랫동안 유지되어 왔다. 한국여성민우회의 외화 다시보기 모임에서 지상파 방송에서 방영된 영어권 외화 27편을 분석해 남녀 간의 존댓말 규칙이 성차별적이라고 지적하기도 했다. 필자가 강의 중에 이러한 부분에 대해 학생들과 토론을 해보면 집안에서 부모의 대화 방식에 따라 존댓말, 반말 등에 대한 견해가 차이가 있음을 느낄 수 있었다. 들은 대로, 배운 대로 익숙해지기 마련일 테지만, 영상 번역은 개인적인 행위가 아니라, 대중을 위한 공공성을 띤 작업이기 때문에 보편적이고 특정 대상을 폄하하거나 왜곡된 모습을 연상하도록 해서는 안되기 때문에 중립적인 자세를 유지하는 것이 필요하다. 물론 쉬운 일이 아니기 때문에, 다양한 글을 읽으면서 시대적 변화의 흐름도 고려해 우리나라 문화에 맞는 번역을 해야 할 것이다.

영상 번역 연습

아래 원고지 칸 안에 각 줄 대사를 띄어쓰기를 지켜 우리말로 번역하시오.

A: I am absolutely out of words. How could you make such a mistake?

B: I am so sorry. I totally didn't mean that to happen.

A: It's so disappointing! I should have confirmed it last night.

B: It's all my fault. I cannot express how sorry I am.

[번역]

10. 영화와 미드 속 어휘

Vocabulary in Authentic Materials

생각해 볼 문제

- 영화나 미드를 제대로 이해하려면 영어 단어를 얼마나 알아야 할까?
- 영화에 가장 자주 등장하는 영어 표현은 무엇일까?

영화나 미드 등의 authentic materials을 번역하는 영상 번역가가 되려면 영어 학습을 게을리 해서는 안된다. 언어의 기본이 되는 요소 중에서 어휘는 특히 초기부터 잘 습득해서 살아있는 능동적인 지식으로 삼을 수 있어야, 단순히 번역의 차원을 넘어서 실생활에서 영어로 의사소통을 하는데 큰 도움이 된다. 토익(TOEIC)을 공부하면 토익 어휘를 토플(TOEFL)을 공부하면 토플 어휘를 이렇게 각각 어휘를 별도로 공부하는 학생들이 많은데, 사실 어휘는 가장 자주 등장하는 어휘를 차근차근 쌓아나가면 나중에 별도로 어휘집을 구매해서 따로 공부하는 일을 줄일 수 있다.

기본적인 어휘가 어디서부터 어디까지인지도 알 길이 없어 참 막막하지만, 다행히 이런 점에서 도움을 받을 수 있는 방법이 있어 소개한다. 우선, 자신의 어휘 실력을 확인해보고, 얼마나 더 어휘력을 길러야 하는 가를 객관적으로 판단해 보자.

아래 [그림 17]에 소개한 웹 페이지는 어휘 분야 연구의 대가인 Paul Nation 교수가 개발한 어휘력 측정을 할 수 있는 온라인 테스트이다. http://www.vocabularysize.com으로 접속해서 아이디와 패스워드를 만들고 “Start the test now!”를 눌러 “언어”를 선택하면 질문은 영어로 나오고 보기에 제시되는 언어는 한국어로 선택해 주어진 어휘에 대한 올바른 뜻풀이를 찾는 방식으로 테스트가 진행된다.

어휘력을 측정해보는 것이 중요한 이유에 대해 Nation 교수는 이렇게 설명한다.

> One of the biggest challenges in learning a second or foreign language is not necessarily mastering the grammar, as many people assume, but rather accumulating enough

> words in order to communicate ideas. Because of the importance of words in using a language, vocabulary size has often been found to strongly correlate with other language proficiency measures such as reading and listening comprehension as well as general language proficiency.[27] (Nation, n. d.)

외국어로 영어를 배울 때 문법도 중요하지만, 충분한 어휘력을 쌓아나가는 것이 제대로 의사소통을 하는데 아주 중요하다. 어휘력이 충분하면 잘 읽고, 잘 알아 들을 수 있기 때문이다.

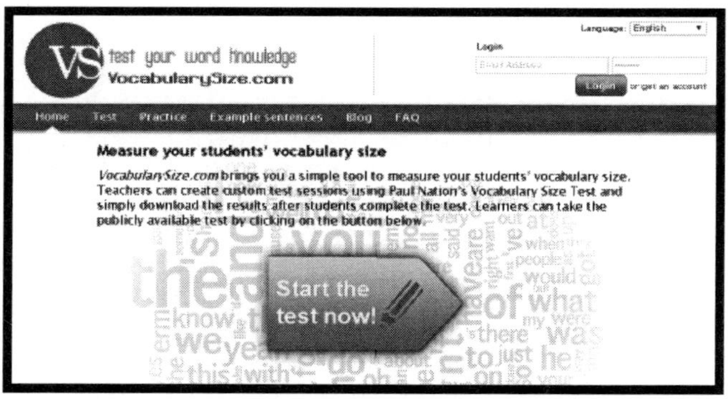

[그림 17] 어휘력 검사를 위한 VocabularySize. com 캡쳐화면

이 테스트에는 총 140단어가 나오는데, 140개 단어로 최고 14,000 어휘군(word family)에 대한 어휘력을 대략 측정할 수 있

27) Nation교수가 제작한 어휘력 측정 웹 페이지에서 발췌:http://my.vocabularysize.com/FAQ#how-to-use-for-researchers

다. 이 테스트는 영어 원어민이 접하는 글과 말을 모아 만든 1억 단어 규모의 British National Corpus (BNC)를 기준으로 한 것으로, 1억 단어 중에서 출현 빈도수(frequency)가 높은 순서로 1번부터 수치를 부여해 가장 빈도수가 높은 어휘 별로 1,000단어씩 끊어 어휘목록을 만들어 사용하고 있다. 어휘 빈도수가 중요한 이유는 빈도가 높을수록 자주 사용되는 것이고, 그런 어휘목록은 잘 알고 있어야 원어민들이 읽고 듣는 authentic materials을 잘 이해할 수 있기 때문이다. 이에 대해 Thorndike (1921)는 이렇게 설명하고 있다.

> ... is not a perfect measure of the importance of words, for two reasons. First, a word may be very important for a pupil or graduate to know and yet not figure largely in the world's reading. Second, tens of thousands of hours of further counting would be required to measure the frequency of occurrences of all these words with exactness. If a complete count were made, there would probably be several hundred words found more deserving of a place in the top ten thousand than some of these now included, and the order of the list would be somewhat changed.
>
> (Thorndike, 1921/ Nation (n. d.)에서 재인용)[28]

그렇다면 어느 정도 어휘력을 가져야 영화와 미드를 이해하는데 무리가 없을까? 주어진 텍스트 예를 들어, 영화나 미드의 대본에서 적어도 95% 또는 98%는 알아야 한다. Laufer (1992)는 주어진 텍스

28) Nation의 Vocabularysize.com 웹 페이지에서 word frequency에 대한 설명글 중 일부 발췌:http://my.vocabularysize. com/FAQ#how-to-use-for-researchers

트 어휘의 95%를 알고 있다면 authentic materials을 이해하는데 충분하다고 주장했는데, Hu & Nation (2000)은 실험대상 학생들이 주어진 텍스트에서 98-99% 정도를 알아야 제대로 이해했다는 내용을 근거로 98% 수준에 도달해야 authentic materials을 제대로 이해할 수 있고 도움을 받지 않고 혼자서 즐겁게 읽는 것이 가능하다고 주장했다. 그래서 대부분의 어휘력에 대한 연구는 주어진 텍스트의 95%와 98%에 해당하는 어휘력이 몇 단어에 해당하는지를 밝히는 경우가 많다. 다음 글은 영화를 이해하는데 필요한 어휘력은 얼마나 되는 가에 대한 연구에서 밝힌 내용이다.

> ... knowledge of the most frequent 3,000 word families plus proper nouns and marginal words provided 95.76% coverage, and knowledge of the most frequent 6,000 word families plus proper nouns and marginal words provided 98.15% coverage of movies. Both American and British movies reached 95% coverage at the 3,000 word level. However, American movies reached 98% coverage at the 6,000 word level while British movies reached 98% coverage at the 7,000 word level. The vocabulary size necessary to reach 95% coverage of the different genres ranged from 3,000 to 4,000 word families plus proper nouns and marginal words, and 5,000 to 10,000 word families plus proper nouns and marginal words to reach 98% coverage. (Webb & Rodgers, 2009, p.407)

즉 어떤 영화나 미드를 도움 받지 않고 스스로 제대로 듣고 이해할 수 있는 98% 수준이 되려면, 5,000에서 10,000 word family 정도의 어휘력을 갖춰야 한다는 의미이다.

이와 비슷하게 한국에서 인기리에 방영되었던 5편의 미드를 코퍼스로 구축해 어휘 분석을 한 연구에서 Park & Jung (2011)은 아래 [그림 18]과 같은 결론을 내렸다.

Word list	*Fringe* (%)	*Grey's Anatomy* (%)	*Smallville* (%)	*Supernatural* (%)	*The Vampire Diaries* (%)
1	89.82	90.38	91.22	90.77	92.22
2	94.22	94.29	94.69	94.00	95.36
3	96.07	96.19	96.52	95.73	96.56
4	97.48	97.11	97.47	97.36	97.48
5	97.95	97.64	97.88	98.04	98.02
6	98.37	98.03	98.42	98.33	98.40
15+16	3.52	3.47	3.40	2.88	4.31

[그림 18] 미드 5편의 어휘군범위 분석[29)]

[그림 18]에 나타난 것처럼, 미드 대본에 실린 어휘 중 95%를 알려면 2,000에서 3,000 어휘군이 필요하고, 98% 수준이 되려면 5,000에서 6,000 정도의 어휘군이 필요하다.

앞서 설명했던 어휘력을 개별적으로 측정해보고, 그 결과가 5,000 ~ 10,000 어휘군에 해당하지 않는다면 어휘력 향상을 위해 부단히 노력해야 한다. 평가 결과가 5,000~10,000 어휘군 수준이 된

29) 필자가 2011년에 공저로 STEM Journal에 발표한 Corpus-based vocabulary analysis of American TV drama series 중 85페이지에 실린 결과분석표이다.

다면 다행이지만 어디까지나 rough estimation이라는 점을 명심해 영어실력 향상을 위해 노력을 아끼지 말아야 한다. 번역을 잘 하기 위해 어휘력이 필요하지만, 이건 필수 기본 조건에 불과하기 때문이다.

영상 번역 연습

아래 원고지 칸 안에 각 줄 대사를 띄어쓰기를 지켜 우리말로 번역하시오.

A: How was the food?

B: It's fabulous and the wines are outstanding. Thanks for hosting dinner at your house.

A: You're welcome. Do you want some dessert?

B: No, thanks. I'm really full. I've never eaten better.

[번역]

11. 영화에 자주 등장하는 표현

Frequently Used Expressions in Authentic Materials

생각해 볼 문제

- 우리나라 영화에 가장 자주 등장하는 표현은 무엇일까?
- 미드나 할리우드 영화에 가장 자주 등장하는 표현은 무엇일까?

영화에 자주 등장하는 표현을 익힌다면, 번역할 때 아주 유용하다. 아래 표현은 영화에 가장 자주 등장하는 20개이다.[30)]

Is that all you've got?

(S)he's behind me, isn't (s)he?

It's/she's gonna blow!

We've got company

Don't die on me.

We can do this the easy way, or the hard way.

Get outta there

You just don't get it, do you?

I could tell you, but I'd have to kill you.

You look like shit.

It's not what it looks like.

___________ is my middle name.

We're not so different, you and I.

If you touch one hair on his/ her head...

Sit down and shut up.

There's a storm coming.

Don't do anything stupid.

Tell _________ I love him/her/them.

I wouldn't do that if I were you.

Yeah, you better run.

30) The 20 Most Overused Lines in Cinema 글을 참고:http://www.shortlist.com/entertainment/the-20-most-overused-lines-in-cinema

위에 있는 표현들 하나하나를 적절하게 우리말로 번역하려면, 어떤 맥락에서 쓰였는지 이해하는 것이 필요한데 인터넷에서 영화 대본을 여러 편 내려받기 하거나 구글(Google) 검색창에서 위 대사들을 검색하면 관련된 문맥을 알 수 있다. 이 대사들을 정형화된 형태로 번역하는 것은 바람직하다. 가령 "Don't do anything stupid"는 "멍청한 짓 좀 하지마"라고 외우지 말라는 얘기이다. 문맥에 따라 이 표현은 "뭐 하는 거야?" "왜 그래, 도대체?" "가만 있어!" 등으로 번역될 수 있기 때문이다.

영상 번역은 앞서 언급했던 것처럼 살아있는 표현들로 가득하기 때문에, 원어민들조차 나이가 든 경우이거나, 생활패턴 등에 따라서는 정확히 이해하지 못하기도 한다. 영어를 외국어로 공부하고, 번역하는 경우라면 더 어려운 일이 아닐 수 없다. 그래서 이런 경우 주변에 있는 원어민 친구들에게 물어보거나, 아니면 사전, 인터넷 등을 뒤지는 수 밖에 없다. 사전을 뒤져도 없는 표현은 어떻게 할 방법이 없다.

첫 술에 배부를 수 없으니, 모든 걸 다 알려고 하기 보다는, 모르는 표현이 나올 때 마다 하나씩 알아가는 재미도 가져야 하고, 더 중요한 것은 영어 공부를 게을리 해서는 안된다. 영화를 자주 보고, 표현도 익히고, 영어 청취력도 늘리는 노력이 필요하다. 교과서에 나오지 않는 구어체 위주의 문장을 많이 읽어 보는 것이 무엇보다 필요한데, 이를 위해 가장 좋은 방법은 영어로 된 동화, 소설을 꾸준히 읽으면 좋다. 그리고 요즘에는 인터넷에서 주간지, 월간지 등 원어민들이 읽는 잡지를 읽을 수도 있으니, 그런 웹 사이트를 참고하면 좋다.

추천 웹 사이트

- Readers' Digest(www.rd.com)
- People (www.people.com)
- Cicada (www.cicadamag.com)
- Shortlist (www.shortlist.com)
- Mental Floss (mentalfloss.com)

People의 경우는 잘 알려진 대로 연예인들 위주의 gossip 기사들을, Readers' Digest, Mental Floss, Shortlist는 일상생활 속에 벌어지는 다양한 감동적인 스토리와 다양한 분야의 얘기를, Cicada는 십대를 겨냥한 단편소설, 수필 등을 읽으며 영어공부를 할 수 있다.

이 중에서 필자가 가장 좋아하는 리더스다이제스트(www.rd.com)는 영어권 문화, 그들의 생활방식, 사고방식, 문화, 역사, 사회적 이슈 등을 골고루 읽을 수 있어서 많은 도움이 된다. 그래서 필자가 참고하는 좋은 사전 웹 사이트를 소개한다. 영상 번역을 한다고 해서 영화만 보는 것이 아니라, 종합예술인 영화를 제대로 소화하려면 영어권 문화에 대한 종합적인 접근이 필요하니까 다양한 장르의 글을 읽는 것이 필요하다.

[그림 19] 미국영화연구소(AFI)가 선정한 명대사 100개

영화를 보고 나면 기억에 남는 소위 "명대사"라는 것이 있다. 수많은 영화 중에서 만인에게 공통적으로 깊은 인상을 준 대사들을 목록화 한 자료가 있어 소개한다. 미국영화연구소(The American Film Institute/ AFI)가 400개 명대사 후보 중에서, 2005년에 각계 전문가들 1,500명으로부터 미국 영화 중에서 가장 대중적이고, 미국 사람이면 누구나 공감 가는 대사를 소정의 공정한 절차를 거쳐 선정한 "100 greatest move quotes of all time"을 발표했다. 최신영화들은 아니지만 영화를 좋아하는 사람이라면 누구나 한 번쯤 제목이라도 들어봤을 법한 영화부터 다양한 영화에서 건진 보배 같은 표현이다. 이들 표현은 후에 다른 영화에도 등장하기도 했고, 영어권 문화를 이해하는데 도움이 될 수 있는 귀중한 자료이다. 단순히 대사가 아니라, 미국 문

화의 아이콘이라고 해도 손색이 없을 정도이니 영상 번역을 공부한다면 당연히 알아두어야 한다.

영상 번역 연습

아래 원고지 칸 안에 각 줄 대사를 띄어쓰기를 지켜 우리말로 번역하시오.

A: How are you? Are you enjoying the party?

B: Yes I am. What a great party. Thank you for inviting me to the party.

A: It's my pleasure to have you here. You ain't seen nothing yet.

B: Really? I am going to party to exhaustion.

[번역]

12. 서열문화 속의 직급과 계급

생각해 볼 문제

- 경찰관을 영어로 뭐라고 부르면 좋을까? Policeman or Police officer?
- 영화나 미드에 가장 자주 등장하는 군인 계급 중 하나인 Colonel은 우리말로 뭐라고 번역하면 좋을까?

본 장에서는 영화나 드라마에 자주 등장하는 군인, 경찰, 일반 회사의 직급 명칭을 알아보려고 한다. 각 나라별로 직급체계가 다르기 때문에 아래 소개하는 내용을 토대로 적절한 상황에 알맞은 대응어로 번역할 때 참고하면 좋다.

12-1. 경찰 계급

우리나라 경찰관의 계급은 총 12단계로 구분된다. 우리나라의 꽃인 무궁화로 계급을 표현하고 있는데, 의경부터 경사까지는 무궁화가 피기 전 꽃봉오리의 개수로 계급을 표시하고 경위부터 총경까지는 활짝 핀 무궁화의 숫자로, 경무관부터 치안 총감은 다섯 송이 무궁화 다발의 숫자로 계급을 표시하고 있다.

국가별로 경찰관의 계급 명칭과 계급 구성 단계도 다르기 때문에 일대일로 대응해 번역 등가 대상을 찾는 것은 간단치 않다. 우리나라 경찰청에서 규정하고 있는 12단계 경찰 계급의 명칭[31]과 이에 대한 영어 명칭은 다음과 같다.

의무경찰 ~경사	경위 ~ 총경	경무관 ~ 치안총감
경사 (assistant inspector)	총경 (senior superintendent)	치안총감 (Commissioner General)

31) 대한민국 사이버경찰청 홈페이지 자료 참조:http://www.police.go.kr/portal/main/contents.do?menuNo=200280

경장 (senior police officer)	경정 (Superintendent)	치안정감 (ChiefSuperintendent General)
순경 (police officer)	경감 (Senior Inspector)	치안감 (SeniorSuperintendent General)
의무경찰 (auxiliary policeman)	경위 (Inspector)	경무관 (Superintendent General)

[표 4] 대한민국 경찰 계급명칭

위 표에 나온 대로 보면 상당히 복잡하고, 실제 이렇게 서로를 부르는지도 낯설게 느껴진다. 우리나라를 비롯한 해외에서 수입한 드라마나 영화에 등장하는 인물을 생각해 본다면, 일반인들이 쉽게 접하는 명칭은 위의 표에서 몇 개 되지 않는다. 일반인들이 경찰이 총수인 치안총감을 만나거나 볼 일도 그리 많지 않다는 걸 생각해 본다면 당연한 일이기도 하다.

우리는 경찰관이라고 하면 영어로 "policeman"을 떠올리게 된다. 그런데 미국 영화나 드라마를 보면 policeman이라는 단어보다는 사실 "officer"나 "police officer"를 훨씬 자주 접하게 된다. 이는 "–_man"으로 끝나는 단어들이 남성 위주의 언어, 문화, 가치 등 왜곡된 측면을 부각 시킨다고 해 소위 "gender-neutral term"으로 바꿔 부르고 있기 때문이다. 그래서 fireman 대신에 firefighter, chairman 대신에 chairperson 등으로 부르는 것이다. 이러한 현상을 "political correctness"라고 칭하기도 하는데, 쉽게 말하자면 이는 다음과 같이 정의 내릴 수 있다.

> Political correctness (adjectivally, politically correct, commonly abbreviated to PC)is a term primarily used as a <u>pejorative</u> to describe language, policies, or measures which are intended not to offend or disadvantage any particular group of people in society; in pejorative usage, those who use the term are generally implying that these policies are excessive. (from Wikipedia)[32]

다시 본론으로 돌아가서 이제 미국의 경찰계급을 살펴보자. 미국의 경우 연방-주-시 등의 행정 규모에 따라 각각 경찰의 체계가 달라지기 때문에 획일적으로 우리나라처럼 적용되는 직급을 논하기가 어렵다. 다만, 다음과 같이 일반적인 수준에서 계급 체계를 알아보도록 한다. 기본적으로 미국 경찰 계급은 군대의 계급을 모방했다고 보여지는 부분이 있다. 우리나라 경찰 체계에서는 볼 수 없는 Sergeant, Lieutenant, Caption, Major, Colonel이라는 계급은 군대에서 같이 사용되고 있다.

순경~경사	경위 ~ 경정	총경 ~ 치안총감
Sergeant (경사)	Colonel (경정)	Police Commissioner (치안총감/대도시) Chief Constable Chief of Police (중소도시) Superintendent
Detective (경장) Inspector	Major (경정) Deputy Inspector	Assistant Commissioner (치안정감) Assistant Superintendent Assistant Sheriff Assistant Chief

32) Political correctness에 대한 위키피디아의 정의 참조:https://en.wikipedia.org/wiki/Political_correctness

Officer/ Deputy (순경) 경찰의 최하위 직급	Captain (경감)	Deputy Commissioner Deputy Chief Deputy Superintendent
	Lieutenant (경위)	Inspector (총경) Commander

[표 5] 미국 경찰 계급 명칭

위의 표에 나온 각 계급이 미국 내 모든 경찰에게 적용된다고 볼 수는 없지만, 대체로 officer, detective, sergeant, lieutenant, captain, inspector 등은 자주 미드나 영화에 등장하므로 각각의 직급에 대한 괄호 안의 대응 번역어는 기억을 하면 번역에 도움이 된다.

12-2. 군인 계급

우리나라 군인의 계급 체계 뿐 아니라, 거의 모든 나라의 군대 계급은 병 – 부사관 – 위관장교 – 영관장교 – 장군의 체계로 구성되어 있다. 아래 표에 제시한 각 계급 체계 및 명칭은 우리나라와 미국에 공통적으로 적용되는 것을 요약해 놓은 것이다.

Enlisted Personnel		Commissioned Officers		Generals
사병	부사관	위관	영관	장군
병장 Sergeant	원사 Sergeant Major	대위 Captain	대령 Colonel	대장 General

상등병 Corporal	상사 Master Sergeant	중위 First Lieutenant	중령 Lieutenant Colonel	중장 Lieutenant General
일등병 Private First Class (PFC)	중사 Staff Sergeant	소위 Second Lieutenant	소령 Major	소장 Major General
이등병 Private	하사 Sergeant	준위 Warrant Officer		준장 Brigadier General

[표 6] 대한민국과 미국의 육군 계급 명칭

위의 표에서 우리나라의 사병 중 일병 다음에 바로 상병으로 진급하는데, 미군의 경우에는 PFC 다음에 SPL이라고 부르는 Specialist가 4급부터 7급까지 있고 주로 기술병이나 행정전문 사병으로 근무를 하게 되거나 CPL이라고 부르는 Corporal로 진급을 하는 두 가지로 나뉜다.

영어로 계급을 rank 또는 insignia라고 부르는데, 엄밀히 rank insignia는 계급장, 계급 휘장에 해당한다. 이러한 insignia를 살펴보고 번역을 해야 하는 경우가 있는데, 예를 들어 colonel도 그 중 하나이다. Colonel이라는 계급은 대령이지만, 사실 Lieutenant colonel인 중령도 Colonel이라고 부르는 경우가 많아 이런 경우 중령인지, 대령인지 알 수 없다. 영상번역을 할 때 해당 인물의 계급장을 금색, 은색색상과 독수리 모양을 보고 구분하면 되는데, 동일한 꽃 모양을 사용하는 소령과 중령의 경우 금색 꽃은 소령, 은색 꽃은 중령, 그리고 독수리 계급장이면 대령을 의미한다.

지금까지 얘기 한 것은 미국과 한국의 육군을 기준으로 한 것들이다. 우리나라의 경우 국군에서 육, 해, 공군, 및 해병대가 동일한 계급을 사용하지만 영국과 미국의 경우 해군의 계급 호칭은 상당히 다르다. 이는 해군 자체가 독자적인 역사와 전통을 가진 것에 기인하기 때문이다. (윤상용)

그렇게 독특한 우리나라 해군[33]과 미군 해군의 계급 명칭을 아래 표로 확인해보자.

사병	부사관	위관	영관	장군
병장 Petty Officer Second Class	원사 Master Chief Petty Officer	대위 Lieutenant	대령 Captain	대장 Admiral
상등병 Petty Officer Third Class	상사 Senior Chief Petty Officer	중위 Lieutenant Junior Grade	중령 Commander	중장 Vice Admiral
일등병 Seaman	중사 Chief Petty Officer	소위 Ensign	소령 Lieutenant Commander	소장 Rear Admiral Upper Half
이등병 Seaman Apprentice	하사 Petty Officer First Class	준위 Warrant Officer		준장 Rear Admiral Upper Half

[표 7] 대한민국과 미국의 해군 계급 명칭

위에 소개한 해군 계급을 봐서 알겠지만 영어의 각 계급별 대응어는 정말로 익숙하지 않으면 번역에서 실수를 유발하게 된다. 중위와 대위에 해당하는 Lieutenant Junior Grade와 Lieutenant 는 엄

33) 대한민국 해군(Republic of Korea Navy) 홈페이지 참조:http://www.navy.mil.kr/

연히 다르지만 사람들이 중위를 줄여서 그냥 Lieutenant라고 부르는 경우가 많기 때문에, 주의해서 번역해야 한다. 소령과 중령의 경우에도 줄여서 모두 Commander라고 부르기도 하기 때문에 번역에 주의가 필요하다. 특히 Captain이라는 계급은 육군에서 대위인데, 해군에서는 대령에 해당하기에 번역할 때 잘 몰랐다가는 함정의 수장인 대령을 대위로 번역하는 어처구니 없는 실수를 유발하기도 한다. 해군의 경우 수장이라고 해서 손목에 줄로 표시되는 일종의 계급장을 차고 있는 장면을 미드등에서 볼 수 있다. 미 해군이 나오는 경우 앞으로는 해군 정복의 소매 부위에 있는 노란 줄의 개수를 보면 어느 정도 계급을 알 수 있을 것이다.

12-3. 회사의 직급

앞서 언급했던 계급사회의 대표인 군인과 경찰이 아니더라도 우리는 회사에서 근무하며 직급을 부여받는다. 회사마다 그리고 업종에 따라 명칭이 다르기는 하지만 일반적으로 통용되는 직급을 기준으로 명칭을 얘기해 본다.

한글	영어	비고
회장	Chairman	
사장	President Managing Director(MD) General Manager (GM)	우리나라에서는 부장을 General Manager라고 표기하는 경우가 아주 많음.

최고경영자/ 대표이사	Chief Executive Officer	CEO는 회장, 또는 사장 등이 겸직
부사장	Senior Executive Vice President	
전무이사	Executive Vice President	
상무이사	Senior Vice President Executive Director	
상무보/일반이사	Vice President Associate Executive Director	
부장	Director Executive Manager Department Head	
차장	Associate Director Senior manager	
과장	Manager	
대리	Associate Manager Assistant Manager Senior Associate	
사원	Associate	

[표 8] 회사 직급 한영 비교표

위의 직급 표에서 가장 주의해야 할 점은, General Manager라고 부르는 영어의 직책이다. 우리 기업 문화에서는 이미 부장이라는 직책으로 거의 굳어져 버려 구분하지 않으면 오해가 되어 성사될 거래도 무산될 가능성도 배제할 수 없다. 왜냐하면 영어권 기업에서는 보통 General Manager라고 하면 이렇게 생각한다.

A general manager is any executive who has overall responsibility for managing both the revenue and cost elements of a company's income statement, known

> as profit & loss (P&L) responsibility. A general manager usually oversees most or all of the firm's marketing and sales functions as well as the day-to-day operations of the business. Frequently, the general manager is responsible for effective planning, delegating, coordinating, staffing, organizing, and decision making to attain desirable profit making results for an organization.
>
> (위키피디아의 General Manager 정의참조)[34)]

어떤가? 우리가 생각하는 부장이라고 보기에는 담당 업무가 대단해 보이지 않는가? 그래서 외국 기업인의 명함에 General Manager라고 되어 있다면 꼭 다시 한번 생각해 보아야 한다. 영상 번역을 하면서 만일 등장 인물의 명함에 General Manager라고 되어 있다면 사장, 회장, 대표 이사 일 수 있다는 점을 고려해 선택해야 한다.

모든 직급, 직책은 해당 언어 문화권에 따라 심지어 동일한 문화권에서도 기업의 성격에 따라 다른 용어를 사용하기 때문에 번역을 할 때는 이런 점을 모두 파악한 상태에서 정확한 용어를 사용해 번역하는 것이 필수적이다.

34) 위키피디아 General Manager 정의 참조:https://en.wikipedia.org/wiki/General_manager

영상번역 연습

아래 원고지 칸 안에 각 줄 대사를 띄어쓰기를 지켜 우리말로 번역하시오

A: I thought he was pulling my leg when he said that I didn't pass the driving test.

B: You failed it again? Isn't it a piece of cake to pass the test?

A: I am a little cheesed off and I decided to pack it in. Yeah, I am serious.

B: Come on, cheer up. You will make it next time.

[번역]

13. 영상번역과 저작권

생각해 볼 문제

- 영상번역의 결과물인 자막은 저작권 보호를 받을 수 있는가?
- 저작권이 있다면 그 소유권은 누구에게 있는가?

영상번역에서 저작권을 논하기에 앞서 저작권에 대한 이해를 먼저 해야 한다. 우리가 흔히 저작권이라고 하면, 창작물에 대해 창작자가 갖는 권리를 의미한다. 우리나라의 저작권법[35]에 따르면, 제1장 제2조 1항에서 "저작물"은 인간의 사상 또는 감정을 표현한 창작물을 말한다고 정의하고 있다. 13항에는 영상 저작물에 대해 "연속적인 영상이 수록된 창작물로서 그 영상을 기계 또는 전자장치에 의하여 재생하여 볼 수 있거나 보고 들을 수 있는 것을 말한다고 정의하고 있다.

역시 법은 복잡하다. 영상번역을 하면서 저작권까지 고민해가며 하는 경우는 드물고, 번역자에게 번역할 수 있는 영광을 안겨준 데 대해 그저 감사할 뿐이고 번역자는 그저 번역료만 지불받으면 된다는 단순한 생각을 하는 경우가 비일비재 하다. 본 장에서는 영상번역과 관련해 우리가 알고 있어야 하는 저작권법에 대한 이해와 영상번역자의 작업 결과물이 법의 보호를 받을 수 있는 대상인지 등에 대해 설명하고자 한다.

13-1. 영상번역물과 저작권

앞에서 저작물은 인간의 사상 또는 감정을 표현한 창작물이라고 정의된다고 했다. 그렇다면 번역물이 우리 인간의 사상 또는 감정을 표현한 것이 맞는가? 아니 그 전에 원래 영상물을 만든 사람에게 저작물에 대한 저작권이 있을 터인데 번역자가 남의 저작물을 단지 언

35) 대한민국 법제처의 국가법령정보센터의 저작권법 내용 참조.http://www.law.go.kr/법령/저작권법

어만 바꿔서 표현한 것, 특히 영상번역의 경우에는 영상은 손도 대지 않고, 자막을 만들어 준 것뿐인데 저작권을 운운할 수 있는 것인가? 이러한 질문을 하기 시작하면 차라리 변호사에게 물어보고 번역만 하는 것이 속 편할 것이라는 생각을 하지 않을 수 없다. 그러나 권리를 주장하려면 그리고 합당한 법의 보호를 받으려면 먼저 정확한 이해가 전제되어야 하기에 이런 얘기를 하는 것이다.

영상번역 자막이 저작권법에서 말하는 저작물인가? 에 대해 알아보자.

저작권법 제2장 제1절 제4조는 "저작물의 예시등"에 대해 다음과 같이 정의하고 있다.

1. 소설 · 시 · 논문 · 강연 · 연설 · 각본 그 밖의 어문 저작물
2. 음악 저작물
3. 연극 및 무용 · 무언극 그 밖의 연극 저작물
4. 회화 · 서예 · 조각 · 판화 · 공예 · 응용미술 저작물 그 밖의 미술 저작물
5. 건축물 · 건축을 위한 모형 및 설계도서 그 밖의 건축 저작물
6. 사진 저작물(이와 유사한 방법으로 제작된 것을 포함한다)
7. 영상 저작물
8. 지도 · 도표 · 설계도 · 약도 · 모형 그 밖의 도형 저작물
9. 컴퓨터 프로그램 저작물

여기서 자막은 무엇에 해당하는가? 1번, 7번, 8번?

정답은 위에 어떤 것에도 해당하지 않는다. 이유는 바로 1차적인

그러니까 원저 작물이라고 볼 수 없기 때문이다. 위에서 설명하는 저작물은 모두 최초로 이 세상에 모습을 드러낸 창작물을 대상으로 하고 있다. 그래서 번역은 어떤 경우를 막론하고 1차 저작물이라고 볼 수 없다. 분명 번역자막도 인간의 사상 또는 감정을 표현한 것의 일부분이기는 하지만, 번역자가 자신의 독자적인 사상이나 감정을 표현한 것이 아니므로 창작성을 인정받을 수 없다. 원저작자의 창작물 즉 저작물을 번역의 방법으로 작성한 것이기에 "2차적 저작물"이라고 불러야 한다.

저작권법 제2장 제1절 제5조는 "2차적 저작물"에 대해 다음과 같이 정의하고 있다.

> ① 원저작물을 번역·편곡·변형·각색·영상제작 그 밖의 방법으로 작성한 창작물(이하 "2차적 저작물"이라 한다)은 독자적인 저작물로서 보호된다.
> ② 2차적 저작물의 보호는 그 원저작물의 저작자의 권리에 영향을 미치지 아니한다.

번역물이 법에서 저작물로 인정되느냐는 질문에 대한 답을 바로 이 부분에서 찾을 수 있다. "독자적인 저작물로서 보호"된다고 말하고 있다.그러니 번역 결과물은 당당히 법의 보호를 받을 수 있는 저작물이며 번역자는 2차적 저작물에 대한 저작권자가 될 수 있는 것이다.

번역물이 하나의 저작물로 보호된다는 것이 다행스럽고 반가운 일이다. 그런데 영상 번역자들에게 그러한 권리가 부여되고 행사할 수 있느냐는 질문에는 허망하다고 답할 수밖에 없다. 필자도 수없이 많은 번역을 해왔지만, 번역자로서 권리를 설명해주거나, 번역사로서 나의 저작물이니 저작권을 갖겠다고 말을 해본 적이 없다. 많이 개선되고 있지만, 아직도 번역사가 가질 수 있는 권리를 주장할 수 있는 여건이 아직은 미성숙해서 출판사나 방송국에서 계약서에 번역 용역을 맡기고 그에 대한 비용을 지급한다는 형식의 문구만 있을 뿐이다. 일반 출판물 번역에서도 그러하니 영상번역물 번역에서는 더 그러한 권리를 주장하거나 찾는다는 것은 힘들다고 밖에 볼 수 없다. 왜냐면 영상번역의 경우 구두 계약만으로 작업이 진행되는 경우도 너무나 많기 때문이다. 그러니 계약서도 없는데 보호도, 권리 주장도 할 수 없다.

Where translation exists, copyright exists.

사실 우리에게 필요한 것은 법의 보호보다 번역에 대한 인식과 태도가 먼저 바뀌는 것이 필요하다. 우리 인간의 인식과 태도를 법으로 바꾸는 것은 강제적이기 때문에 그리 유쾌한 일은 아니다.

번역은 단순히 원작의 단어를 사전적 의미로만 옮기는 것이 아니라, 원작에 담긴 생각, 감정, 문화, 사상, 철학 등을 목표 언어로 전환하는 작업이다. 언어학적으로 보면 언어는 소리, 철자, 단어, 문장의 순서로 기호의 덩어리들이라고 볼 수 있지만, 번역은 이러한 기호에 담겨 있는 의미를 새로운 그릇에 담아 내는 과정이다. 그래서 필자를 비롯한 모든 번역 전문가들은 번역을 하며 쏟아내는 하나하나의 단어와 표현들에 혼신의 생각과 노력을 담아내는 하나의 창작이라 생각하며, 누가 인정해주지 않아도 자부심을 가지려고 애쓴다. 안타깝게도 우리 사회의 번역에 대한 인식이 부족하고, 번역사 직업에 대한 낮은 인지도 등과 같은 부정적인 생각들이 번역사들이 애써 지키려는 자부심과 긍지에 찬물을 끼얹는 일이 반복되고 있다.

몇 해전 번역 강의를 준비하면서 읽었던 "Why translation matters"라는 책이 생각난다. 예일대학교 출판부에서 내놓은 책으로 저자 Edith Grossman은 문학 전문번역가이다. 이 책의 대부분 내용은 제목과 달리 문학 번역에 대한 얘기였지만, 번역가가 책을 썼다는 자체가 신기하기도 해서 읽기 시작했다. 이 책을 읽으면서 구구절절 저자의 번역에 대한 애착과 애증 그러면서도 번역에 대한 자부심을 확인할 수 있었다. 한 마디로 그녀는 모든 번역은 창작이며 원작과 별개로 존재하며 당당히 인정받아야 한다는 주장을 담고 있었다. 꼭 이런 외국의 사례가 아니어도 우리 한국에서도 번역을 창작, 창작 못지 않은 예술 등이라는 주장으로 설전을 벌이기도 한다. 몇 해전에 신문에서 읽은 기사 중에 한 대학교의 문학교수가 언론사와 가진 인터뷰 기사에서 "나는 늘 글쓰기에 매혹되면서 글쓰기를 두려워했다. 글의 첫 문장을 시작하는 것이 두렵다. 그런데 번역은 누군가 이미 시작해 놓은 것을 뒤에서 따라가면 된다. 그야말로 나의 가장 고통스러운 어떤 것을 대신해 준 사람의 노고에 편승하는 일이다."[36]라는 말을 했다. 그는 번역이란 원곡의 작곡 내용을 자신의 방식으로 연주하는 것과 같다며, 독특한 해석에 걸맞게 카뮈의 이방인을 이미 두 번이나 번역

36) 조선일보의 신간리뷰 중에서 발췌 http://books.chosun.com/site/data/html_dir/2015/12/08/2015120800997.html

해서 출간했고,또 한 번도 번역을 할 거라고 한다. 정말 연주자나 지휘자가 같은 곡을 수도 없이 반복해서 연주하고 지휘하는 것과 마찬가지 아닌가?

번역을 창작이라 불러 마땅하다는 얘기는 더 할 필요 없는 너무나 당연한 사실이어야 한다. 그렇다면 영상번역을 하는 전문가들도 자신들의 번역이 하나의 창작이라는 자부심을 가지는 것도 필요하며 당연한 일이다. 원저작자는 아니지만, 그리고 잘 알아 주지도 않고, 제대로 인정도 합당한 대우도 받지 못한다고 푸념만 할 것이 아니라, 스스로 번역을 대하는 태도부터 바꾸도록 해야 한다. 영상번역 전문가들도 번역이라는 창작활동을 하면서 동시에 수 없이 많은 번역을 읽고 접한다. 누가 왜곡된 번역의 문화를 바꿀 것인가? 이는 누가 아니라 우리 모두에게 달린 문제이다. 나부터 번역을 대할 때 감사한 맘으로 읽고 본다면 그게 세상을 바꾸는 시작이 된다. 영상번역의 결과물 중 하나인 자막의 경우 베끼기 참 쉬운 텍스트 형태이기 때문에 심지어 인터넷에서 무단으로 내려 받아 마치 자신의 번역인 것처럼 하기도 쉽다. 심지어 같은 영상물을 다시 번역하는 다른 번역사가 이전 작품의 자막 번역 내용을 베껴서 소송[37]을 당하기도 한다니 창작자라는 주장은 커녕 다른 사람의 창작물에 대한 마음과 태도도 없는 경우가 아닐 수 없다.

37) 인터넷 오마이 뉴스 참고:http://star.ohmynews.com/NWS_Web/OhmyStar/at_pg.aspx?CNTN_CD=A0000202333

13-2. 영상번역물 저작권 관련 추천 정보

영상번역과 관련한 별도의 전문 정보를 제공해주는 경우가 없기 때문에 아래 제공하는 정보를 통해 필요한 경우 자세한 상담을 통해 문제를 해결하는 것이 바람직하다.

1) 한국저작권위원회(Korea Copyright Commission)

http://www.copyright.or.kr

저작권 관련법과 침해, 구제 사례 등의 정보를 제공한다. 특히 저작권 상담센터를 운영하고 있어, 영상번역과 관련해 저작권 사항이 발생한다면, 도움을 받을 수 있다.

2) 대한민국 저작권법 전문

http://www.law.go.kr/법령/저작권법

우리나라 법제처의 국가법령정보센터에서 운영하는 웹 페이지에서 저작권법 전문을 읽을 수 있다. 법을 읽는 것이 부담스러울 수 있지만, 저작권에 대한 근본이 되는 중요한 내용이기에 소개한다. 저작권 관련 각종 용어에 대한 정의도 내려져 있으니 참고하면 좋다.

3) 번역과 저작권

http://www.mcst.go.kr/web/s_policy/copyright/knowledge/know01.jsp

문화관광체육부에서 "저작권의 모든 것"이라는 웹 페이지를 만들어, 아주 간결하고 찾기도 쉽게 정리해 둔 공간이다. 저작권 일반상식, 사용자가 알아야 하는 각종 법령과 정보를 잘 정리해 두었다.

4) 출판과 저작권

한국 저작권위원회에서 2009년에 발행한 저작권에 대한 출판물로 인터넷에서 pdf 파일 형태로 무료로 다운로드해서 볼 수 있다. 앞서 설명했던 저작권법 전문에 대한 자세한 해석과 각종 사례들이 담겨 있다고 보면 된다.

5) 세계지식 재산권 기구 (WIPO/ World Intellectual Property Organization)

지식 재산권 보호를 위해 유엔에서 1967년에 만든 특별기구로 우리나라도 1979년에 가입했다고 한다. 번역도 2차적 저작물로 법의 보호를 받는 저작권 보호 대상이며, 따라서 지식재산권과도 관련이 있다.

6) 베른 협약 전문

http://english.customs.go.kr/html/kor/_down/literary.pdf

저작권은 국가별로 별도로 적용하고 보호를 받기 때문에 소위 범용적으로 적용할 수 있는 국제법이 없다고 한다. 그래서 저작물이 외국에서 보호받아야 할 최소 조건을 규정하기 위해 1886년에 스위스 베른에서 체결된 최초의 다자간 조약이다. 우리나라도 1996년에 가입했다.

영상번역 연습

아래 원고지 칸 안에 각 줄 대사를 띄어쓰기를 지켜 우리말로 번역하시오.

A: What are we going to eat? Would you like chicken salad?

B: Sorry but I had the salad for breakfast.

A: Didn't you skip breakfast? I thought you are intermittent fasting.

B: You know what I really want to have for lunch?
I want to eat carbs without wanting to kill myself.

[번역]

추천 도서 및
웹 사이트

영상 번역을 공부하거나 업계에 종사하는 이들을 위해 저자가 추천하는 도서와 웹 사이트를 소개한다. 본 장에서 소개하는 내용들은 전적으로 저자의 개인적인 의견이며, 여기에 소개된 것 이외에도 다양한 도서와 웹 사이트가 있다는 점을 염두 하기 바란다. 유럽에서는 번역에 대한 연구와 출판이 활발한 편이어서 오래 전부터 관련 서적이 인기를 끌고 있지만, 본 장에서는 비교적 최신 서적 위주로 관련 해외 도서를 소개한다.

(1) Bannon, D. (2010) The Elements of Subtitles

한글에서 영어로 자막 번역을 하는데 관심이 있다면, 적극 추천한다. 이 책의 상당 수 영화 대사는 우리나라 영화이고 (물론 오래된 영화이긴 하다) 이를 미국에 수입해 방영하는 것을 전제로 한 한영자막 번역에서 번역사들이 생각해 보아야 하는 내용을 담고 있다.

(2) Cintas, D. & Remael, A. (2010). Audiovisual Translation: Subtitling

자막 번역을 공부하거나 가르치는 이들에게 특히 도움이 되는 교재이다. 우리나라에서 출판된 영상 번역 도서의 경우, 영상 번역가의 개인적인 경험을 토대로 해 이론적인 근거나 배경에 대한 설명이 상대적으로 부족한 반면, 이 교재는 이론 내용과 실용적인 내용을 골고루 담아내고 있다.

(3) Chaume, F. (2014). Audiovisual Translation: Dubbing

스페인의 University Jaume 대학교 영상 번역교수인 Frederic Chaume이 쓴 더빙번역에 대한 전문교재이다. 24년 이상 Chaume교수는 영상 번역 전문가로 활동하면서 경험하고 느낀 내용을 이론과 실용적인 측면을 고려해 상세히 기술하고 있다.

(4) Fong, G. (2010). Dubbing and Subtitling in a World Context

The Chinese University of Hong Kong의 번역학과 Fong 교수가 저술한 것으로, 영화영상 번역의 역사와 아시아에서 영상 번역의 동향을 각 국가의 전문가들의 기고를 받아 실었다. 이론적인 부분보다는 각 영상 번역가들이 나름 자신들의 경험을 잘 담아낸 부분이 눈에 띈다.

(5) Pedersen, J. (2011). Subtitling Norms for Television: An exploration for focusing on extralinguistic cultural references

자막 번역에서 늘 접하기 마련인 특정 문화의 고유한요소를 저자는 Extralinguistic Cultural References(ECR)이라고 지칭하며, 이들 요소가 실제 자막에서 어떤 식으로 번역이 되며, 문제점이 무엇인지에 대해 규명하고 있다. 조금은 내용이 전문적이어서 실용적이라고 보기는 어렵고, 현재 영상 번역을 하고 있거나, 영상 번역 관련 학위 논문을 쓰는 이들에게 도움이 될 책이다.

다음은 영상 번역에 도움이 될 만한 인터넷 웹 사이트들이다. 개인적을 운영하는 지속성이 떨어지는 웹 사이트는 추천하지 않고, 비교적 오랫동안 사랑을 받아왔거나 기관에서 운영하는 웹 사이트를 추천한다.

(6) **영화진흥위원회** (Korean Film Council)

웹 주소: www. kofic.or.kr

우리나라에서 제작한 영화와 해외에서 수입해 상영한 영화에 대한 종합적인 정보를 검색해볼 수 있는 곳이다. 특히 영화 DB가 잘 구축되어, 필요한 정보를 원활하게 찾아볼 수 있다.

(7) **영상물등급위원회** (Korea Media Rating Board)

웹 주소: www.kmrb.or.kr

영화, 비디오 등 영상물을 연령별로 등급분류하고, 외국인 국내공연 추천업무를 수행하는 대국민 서비스 기관으로, 우리 국민이 보다 정확한 정보를 가지고 영상물을 관람할 수 있도록 안내하고 있다. 등급분류의 원칙이나 기준에 대해 자세한 정보를 소개하며, 이와 관련한 해외, 국내 연구 정보도 찾아 볼 수 있다.

(8) Internet Movie Script Database
웹 주소: www.imdb.cm

자칭 인터넷 최대 영화, 텔레비전프로그램 등에 대한 자세한 정보를 제공하는 웹사이트이다. 영화 팬이라면 꼭 알아두어야 하는 인터넷 공간으로, 최신 영화의 예고편과 정보 등도 자세히 제공하고 있다.

(9) The Internet Movie Script Database (IMSDB)
웹 주소: www.imsdb.cm

데이터베이스라는 이름에 걸맞게 방대한 양의 영화 정보와 스크립트를 무료로 제공한다. 장르별로도 검색이 가능하다.

(10) Simply Scripts
웹 주소: http://www.simplyscripts.com

말 그대로 스크립트만 전문으로 하는 웹 페이지로, 영화, 드라마, 라디오 프로그램 등에 이르기까지 다양한 장르의 스크립트를 검색해 볼 수 있다.

(11) Trailer Addict
웹 주소: http://www.traileraddict.com

최신 영화, 앞으로 개봉 예정인 영화의 예고편을 무료로 볼 수 있다. 각 장르별로도 검색할 수 있고, 영화배우 별로도 영화를 검색할 수 있어 영화팬들에게 아주 유용한 웹사이트이다.

(12) **칸 아카데미 한국 번역사**(Khan Academy Korean Translators)
웹 주소: https://sites.google.com/site/khanacademykorean/home

칸아카데미는 살만칸(Salman Khan)이 설립한 비영리 단체로 인터넷을 통해 무료로 다양한 양질의 강의 비디오를 공개하고 있는데, 여기에 실린 자료들을 자원봉사 형식으로 번역을 하고 자막을 제공한다. 영상 번역에 관심이 있고 봉사를 하기 원한다면, 가입해 활동해 보는 것을 추천한다.

참고문헌

고종성(2007). 말들의 풍경:고종석의 한국어 산책.개마고원.

곽도영(2015). 글꼴만 봐도 "아, 그 기업" 폰트 마케팅 뜬다. 동아일보 2015년 5월 24일 http://economy.donga.com/East/3/all/20150522/71407902/2

민현식(2007). 구어적 통용과 문어적 오용. 제 12회 AATK 학술대회 발표논문. 미국 시카고대학교 2007년 6월 14일 – 16일.

박효종(2015). 방송언어 가이드라인. 방송통신심의위원회. 크리홍보주식회사.

이수정,정우현,정찬섭(1993). 글자꼴, 글줄길이, 글줄모양과 한글의 가독성. 1993년도 제5회 한글 및 한국어 정보처리 학술대회 논문집. 193-205.

이혜영 (2006). 구어의 특징과 구조. 새국어생활 16(2). http://www.korean.go.kr/nkview/nklife/2006_2/16_12.html

월간 디자인넷 (2005). 가독성 실험 사례 및 그 한계. 월간 디자인넷.http://shop.fontclub.co.kr/atTypo/typoView.asp?boardtype=46&subtype=00&boardnum=667.

위키피디아 https://en.wikipedia.org/wiki/Subtitle_(captioning)

정태섭 (2012). TV 영상자막의 감성변화에 관한 연구.

함혜숙 (2011). 영상번역가로 먹고살기. 왓북

최봉영 (2005). 한국 사회의 차별과 억압. 지식산업사

Armstrong, M., Brown, A., Crabb, M., Hughes, C., Jones, R., & Sandford, J. (2015). Understanding the diverse needs of subtitle users in a rapidly evolving media landscape.

Ofcom (n.d.) 2015 http://www.ofcom.org.uk/static/archive/itc/itc_publications/codes_guidance/standards_for_subtitling/subtitling_1.asp.html

Teaching and learning to subtitle in an academic environment.

Bartrina, F. & E. Espasa. "Audiovisual translation." Training for the New Millennium. Pedagogies for translation and interpreting. Ed. Martha Tennent. Philadelphia: John Benjamins, 2005. 83-100.

Bednarek, M. (2014). A statistical analysis of how much f***ing swearing there is on TV. Retrieved from http://www.newstatesman.com/culture/2014/04/statistical-analysis-how-much-fing-swearing-there-tv.

Betz, M. (2009). Beyond the subtitle: Remapping European art cinema.

Chaume, Varela Frederic. "Models of Research in Audiovisual Translation." Babel 48.1 (2002): 1–13

Chiaro, Delia. "Issues in Audiovisual Translation." Routledge Companion to Translation Studies. Ed. Jeremy Munday. London: Routledge, 2010. 141-65. Chiaro, Delia., Christine Heiss, and Chiara Bucaria, eds. Between text and image: Updating research in screen translation. Amsterdam, The Netherlands: John Benjamins, 2008.

Cho, S. (2013). Basic concepts in the theory of audiovisual translation

Cintas, J. & Nerves, J. (2015). Audiovisual translation: Taking stock. Cambridge Scholars Publishing.

Cintas, J. (2008). The Didactics of Audiovisual Translation. John Benjamins Publishing company.

Cintas. J. (2009). News trends in audiovisual translation. Multilingual matters.

Gambier, Y., Caimi, A., & Mariotti, C. (2014). Subtitles and language learning: principles, strategies, and experiences. Peter Lang AG.

Gottlieb, H. (1992). Subtitling - a New University Discipline. In: Dollerup, Cay, et al. (eds.). Teaching Translation and Interpreting, 161-170. Amsterdam: John Benjamins.

Hu, M., & Nation, I. S. P. (2000). Vocabulary densityand reading comprehension. *Reading in a Foreign Language, 23, 403–430.*

Language Insight (2013). Subtitling vs. dubbing: The great debate. http://www.languageinsight.com/blog/2013/05/21/subtitling-vs-dubbing-the-great-debate/

Laufer, B. (1992). How much lexis is necessary forreading comprehension? In P. J. L. Arnaud & H.Bejoint (Eds.), Vocabulary and applied linguistics(pp. 126–132). London: Macmillan.

Pedersen, J. (2011). Subtitling norms for television. Benjamin Publishing Company.

Karamitroglou, F. (1998). A proposed set of subtitling standards in Europe. Translation Journal 2(2).

McEnery, A., & Xiao, Z. (2004). *Swearing in modern British English: the case of fuck in the BNC.* Language and Literature, 13(3), 237-70.

McLoughlin, L., Biscio, M., & Mhainnin, M. (2011). *Audiovisual Translation. Subtitles and subtitling: Theory and practice.* Peter Lang.

Millan, C. & Bartrina, F. (2012). *The Routledge handbook of translation studies.* Routledge handbooks in applied linguistics.

Nida, E. (1984). *On Translation.* Translation Publishing Corporation. Beijing, China.

Park, M. & Jung, H. (2013). Corpus-based vocabulary analysis of American TV drama series. *STEM Journal, 12*(2), 75-94.

Perego, E. (2008). *Subtitles and line-breaks: Towards improved readability.* John Benjamins publishing company.

Stenström, A-B., Anderson, G., & Hasund, I. (2002). *Trends in teenage talk. Corpus compilation, analysis and findings.* Amsterdam: John Benjamins.

Szarkowska, Agnieszka (2005). The power of film translation. 2014년 12월 웹 페이지 검색 http://translationjournal.net/journal/32film.htm.

Webb, S. & Rodgers, M. (2009). The Lexical Coverage of Movies, *Applied Linguistics 30*(03), 407-427.

INDEX

한국어

박명수

한국외대 통번역대학원을 졸업한 후 삼성전관 및 기업체, 정부기관의 회의에서 통역사로 활동했으며 지상파 및 케이블 방송국의 영상물의 자막번역을 하고 있다. 미국 텍사스주립대학교(University of Texas at Austin)에서 영어교육학(TESOL) 분야 석사 및 박사학위를 취득했다. 현재 상명대학교 영어영문학과 통번역전공 교수로 통번역과 영어교육 이론과목을 담당하고 있다.

〈저서〉

- 비즈니 영어 이메일 대박 표현사전
- 영어따라 말하기
- 프레젠테이션 영어
- 체험 비즈니스 영어 25시
- CNN 리스닝 연습장

영상번역입문

1판 1쇄 발행 _ 2016년 3월 18일
1판 2쇄 발행 _ 2017년 2월 8일
1판 3쇄 발행 _ 2022년 11월 18일

저　자 · 박 명 수
발행인 · 정 현 걸
발　행 · 신 아 사
인　쇄 · 대명프린팅
주　소 · 서울특별시 은평구 통일로 59길 4 (2층)
전　화 · (02) 382-6411　팩스 · (02) 382-6401
홈페이지 · www.shinasa.co.kr
E-mail · shinasa@daum.net
출판등록 · 1956년 1월 5일 (제 9-52호)

ISBN 978-89-8396-934-7(93740)

정가 11,000원